Matthias Girke

Entwicklungswege der Seele:
Die Grundstein-Meditation Rudolf Steiners

Matthias Girke

Entwicklungswege der Seele: Die Grundstein-Meditation Rudolf Steiners

Verlag am Goetheanum

Der Verlag am Goetheanum im Internet:
www.goetheanum-verlag.ch

5. Auflage 2025

Hügelweg 53, CH–4143 Dornach, info@goetheanum-verlag.ch

Bevollmächtigter in der EU im Sinne des Artikels 16 Absatz 1 der Verordnung zur allgemeinen Produktsicherheit GPSR: ATHENA Verlag e.K., Mellinghofer Straße 126, 46047 Oberhausen, info@athena-verlag.de

Einbandgestaltung: Wolfram Schildt, Berlin
Satz: Martin Weis, Denzlingen
Druck und Bindung: Majuskel Medienproduktion, Wetzlar

ISBN 978-3-7235-1704-8

Inhalt

Zum Geleit

Gegenwärtig stellen sich große, lebensentscheidende Herausforderungen. Sie kleiden sich in Fragen wie: Wer bin ich? Was ist der Sinn im Leben? Wie finde ich zum anderen Menschen, zum Zusammenwirken, zur Gemeinschaft? Wie gestalte ich meine Beziehung zur Welt, zum Kosmos?

Die Frage nach dem eigenen Wesen, seiner Würde und der Sinnerfüllung der Biografie ist keine theoretische oder intellektuell zu beantwortende, sondern braucht die eigene Aktivität und Entwicklung. Auch das Zusammenwirken mit anderen Menschen, die Bildung von Gemeinschaft ist eine große soziale Herausforderung und oftmals durch Krisen gefährdet: Wie bekommt das Zusammenwirken Substanz, menschliche Wärme und ein inspirierendes Ziel? Schließlich macht die Klimakrise auf das gestörte Verhältnis des Menschen zur Mitwelt aufmerksam. Wir erleben uns zunehmend getrennt von der Welt, verhalten uns so, als ob es irgendwo noch eine zweite gäbe, die wir nach der Zerstörung unserer jetzigen nutzen könnten. Wie entwickeln wir demgegenüber eine wesensgemäße Beziehung zur Mitwelt, zum Kosmos und seinen geistigen Wesen?

Der meditative Erkenntnisweg der Anthroposophie dient der inneren Schulung und Selbstentwicklung, also der Selbsterkenntnis. Diese möchte das Geistige im Menschenwesen zum Geistigen im Weltenall führen. Darüber hinaus beziehen sich viele Meditationen auf die esoterische Vertiefung der professionellen Arbeit in den verschiedenen Tätigkeits- und Berufsfeldern, also auf das gemeinschaftliche Wirken. Denn es braucht neben der fachlichen Kompetenz die ethisch-spirituelle in der beruflichen Arbeit. Diese besteht nicht in einem zusätzlichen «Wissen», sondern neuen Fähigkeiten, die durch einen meditativen Erkenntnisweg entwickelt werden können.

Dabei dient die meditative Arbeit vorrangig dem Ziel, immer mehr «Mensch» zu werden und Menschlichkeit in die professionelle Tätigkeit zu tragen. Sie bringt den Menschen in Beziehung zu seinem geistigen Ursprung, öffnet die Seele für das spirituelle Erkennen und fördert gleichermaßen die praktische Wirksamkeit.

Neben dem individuellen Erkenntnisweg und den gemeinschaftlichen Meditationen in den Arbeits- und Lebenszusammenhängen wurde 1924 die Erste Klasse der Freien Hochschule für Geisteswissenschaft am Goetheanum von Rudolf Steiner begründet. Dieser meditative Erkenntnisweg ist ein allgemein menschheitlicher. Er führt den individuellen Erkenntnisweg mit dem Wirken in einer Verantwortungsgemeinschaft zusammen und ist mit der Michaelwirksamkeit, und damit dem Zeitgeist der Gegenwart verbunden. Wenn Menschen sich mit der Anthroposophie verbinden und dadurch ihr Repräsentant werden wollen, können sie sich für diesen Erkenntnisweg entscheiden.

Die Grundstein-Meditation, um die es in dieser Schrift geht, steht im Zentrum des meditativen Erkenntnisweges der Anthroposophie. Sie fasst – so Rudolf Steiner – die gesamte Anthroposophie zusammen, blickt auf das dreigliedrige Wesen des Menschen und seine Verbindung mit der Welt, dem Kosmos. Sie ist eine Meditation, die zur Begründung der Anthroposophischen Gesellschaft 1923 gegeben wurde, hat eine gemeinschaftsbildende Wirksamkeit und ist eine Kraftquelle für die Pflege der Anthroposophie in allen ihren Lebensfeldern. Pflege bedeutet dabei Entwicklung: Wenn wir etwas pflegen, so hoffen wir nur bei physischen Gegenständen auf einen pfleglichen Umgang und damit vielleicht längere Haltbarkeit. Im Lebendigen trägt das Pflegen zur Entwicklung bei, möchte diese fördern und unterstützen. Insofern ist die Aufgabe der Anthroposophischen Gesellschaft die Pflege und damit die lebendige Entwicklung der Anthroposophie als solche und in allen ihren Lebenszweigen. Die Grundstein-Meditation gibt hierzu die notwendige Kraft, die zu neuen Inspirationen, zur Förderung der lebenspraktischen Wirksamkeit und nicht zuletzt zum sozialen Zusammenarbeiten führen möchte. Sie braucht hierzu die rhythmische Pflege, um zu einer wesentlichen Stütze für die tägliche Arbeit zu werden.

Damit ist die Grundstein-Meditation nicht nur die Basis der Anthroposophischen Gesellschaft, sondern gleichermaßen der Freien Hochschule für Geisteswissenschaft am Goetheanum und ihrer Sektionen, auch der Anthroposophischen Medizin. Aus diesem Grunde ist ein Anliegen, einige Gedanken zu dieser Meditation zu schreiben, die für ihr Verständnis und den praktischen Umgang vielleicht hilfreich sind. Sie schließen dankbar an zahlreiche Darstellungen anderer Autoren an, die in den vergangenen einhundert Jahren zu dieser Meditation veröffentlicht wurden.

So mögen die Ausführungen dazu beitragen, dass diese Meditation immer besser verstanden und meditativ belebt wird, so dass sich ihre Kräfte im einzelnen Menschen, genauso aber auch im Zusammenwirken zur Entfaltung bringen und die eigene Arbeit in das menschheitliche Ganze stellen.

Ein herzlicher Dank geht an den Verlag für das Lektorat und die sorgfältige Herausgabe, an Dagmar Brauer, Stefan Langhammer, Georg Soldner und Sören Schmidt für wertvolle Hinweise.

Ostern 2022

Matthias Girke
Medizinische Sektion der Freien
Hochschule für Geisteswissenschaft
am Goetheanum

Menschenseele!

Du lebest in den Gliedern
Die dich durch die Raumeswelt
Im Geistesmeereswesen tragen:
Übe Geist-Erinnern
In Seelentiefen
Wo in waltendem
Weltenschöpfer-Sein
Das eigne Ich
In Gottes-Ich
Erweset
Und du wirst wahrhaft leben
Im Menschen-Welten-Wesen.

Menschenseele!
Du lebest in dem Herzens-Lungen-Schlage
Der dich durch den Zeitenrhythmus
Ins eigne Seelenwesensfühlen leitet:
Übe Geist-Besinnen
Im Seelengleichgewichte
Wo die wogenden
Welten-Werde-Taten

Das eigne Ich
Deren ~~Götter~~ Welten-Ich
Vereinen
Und du wirst wahrhaft fühlen
Im Menschen-Seelen-Wirken.

Menschenseele!
Du lebest im ruhenden Haupte
Das dir aus Ewigkeitsgründen
Die Weltgedanken erschliesset:
Übe Geist-Erschauen
In Gedanken-Ruhe
Wo die ew'gen Götterziele
Welten-Wesens-Licht
Dem eignen Ich
Zu freiem Wollen
Schenken
Und du wirst wahrhaft denken
Im Menschen-Geistes-Gründen.

In der Zeitenwende
Trat das Welten-Geistes-Licht
In den irdischen Wesensstrom;
Nachtdunkel hatte ausgewaltet
Taghelles Licht
Erstrahlte in Menschenseelen
Licht, das erwärmet
Die armen Hirten~~seelen~~herzen.
Licht, das erleuchtet
Die weisen Königshäupter –

Göttliches Licht
Christus Sonne
Erwärme unsre Herzen
Erleuchte unsre Häupter

Dass gut werde
Was wir aus Herzen
Gründen
Aus Häuptern
Zielvoll führen wollen.

Den es waltet der Vater-Geist der Höhen
In den Weltentiefen Sein-erzeugend

S. Ch. Th.

Lasset aus den Höhen erklingen
Was in den Tiefen das Echo findet:
Das spricht:

E. D. n.

Das hören die Elementargeister
im
O. W. N. S.
Menschen mögen es hören.

Denn es waltet der Christus-Wille im Umkreis
In den Weltenrhythmen Seelen-begnadend

K. D. E.

Lasset vom Osten befeuern
Was durch den Westen sich gestaltet:
Das spricht.

I. Ch. M.

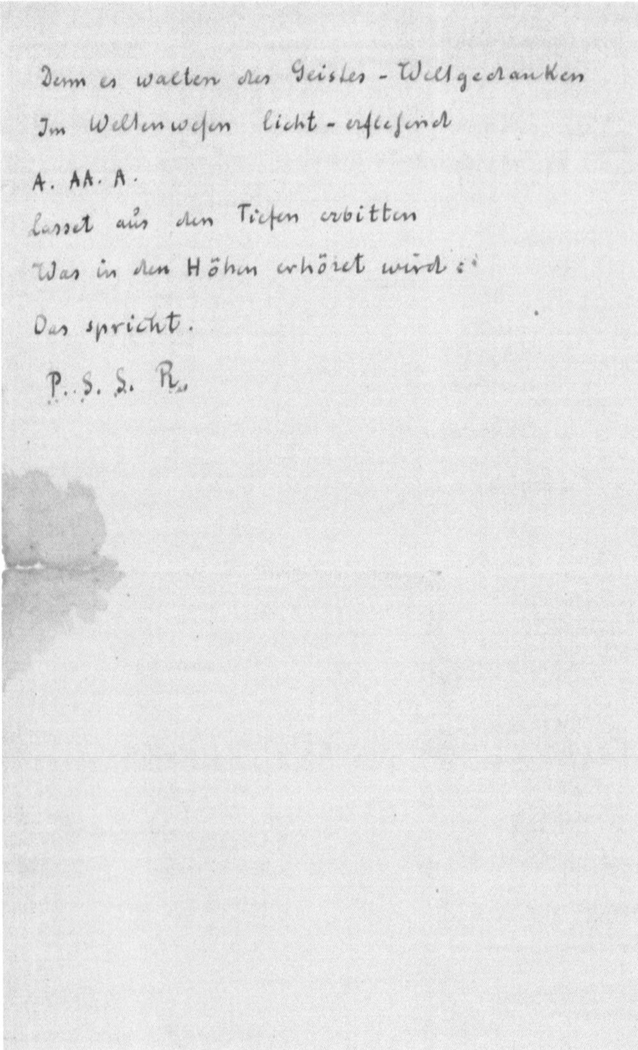

Denn es walten des Geistes-Weltgedanken
Im Weltenwesen licht-erflehend
A. AA. A.
lasset aus den Tiefen erbitten
Was in den Höhen erhöret wird:
Das spricht.
P. S. S. R.

Notizbucheintragungen Rudolf Steiners, Fassung der Grundstein-Meditation für die Weihnachtstagung, GA 260 (Beilagenheft)

Die Grundstein-Meditation

> «Beginnen wir wiederum mit den Worten menschlicher Selbst-Erkenntnis aus dem Geiste unserer Zeit heraus:»[1]

Die Grundstein-Meditation geht in ein neues Jahrhundert. Viele Menschen arbeiten weltweit mit diesem Geistesgut, das Rudolf Steiner zur Weihnachtstagung 1923/24 und damit zur Begründung der Allgemeinen Anthroposophischen Gesellschaft und der Freien Hochschule mit ihren Fachsektionen gegeben hat. Diese Worte eröffnen zahlreiche neue und weitreichende Perspektiven und lassen viele Fragen entstehen, die weiterwachsen und an Tiefe gewinnen durch die Arbeit mit dieser Meditation. Sie lädt dabei in wachsende Zusammenhänge ein und kann zu einem Begleiter der eigenen Biografie werden.

Bereits bei ihrer Einführung verdeutlicht Rudolf Steiner den weltgeschichtlichen Zusammenhang: «Zuerst aber mögen unsere Ohren von diesen Worten berührt werden, um in unserem Sinn zu erneuern aus den Zeichen der Gegenwart heraus das alte Mysterienwort: ‹Erkenne dich selbst›», auch als das uralte Sonnenwort, Apollo-Wort an anderer Stelle bezeichnet[2]. In der Abfolge von vier Strophen führt die Meditation von der individuellen Entwicklung des einzelnen Menschen zur Gemeinschaft des «Wir». Jede Wahrheitssuche beginnt als individueller Weg und führt oftmals durch große Einsamkeiten. «Die zur Wahrheit wandern, wandern allein», fasst es Christian Morgenstern in dichterische Worte.[3] Allerdings führt jede noch so kleine erste Wahrheit im Erkennen zugleich zum anderen Menschen: Wenn ein mathematischer Zusammenhang erkannt und gefunden wird, so ist er von einem anderen Menschen nachvollziehbar. Beide Menschen finden sich zusammen in einer Wahrheit. So führt die individuelle Wahrheitssuche zum anderen Menschen, bildet eine freie, auf die Erkenntnisarbeit gegründete Gemeinschaft. In dieser dann gemeinsamen Erkenntnis verbinden sich Menschen mit einem geistigen Inhalt. Jedes Erkennen setzt ein Tätigsein, ein Schaffen voraus, führt aber zu einer «Entdeckung», zu etwas, was nicht vom Menschen «erfunden», sondern «gefunden» wird. Damit gehört es zur Welt, zur geistigen Welt. Der individuelle Wahrheitsweg führt zur Gemeinschaft und verbindet sich im individuellen Suchen in und durch die Gemeinschaft mit der Welt. Er führt also das Geistige im Menschenwesen zum Geistigen im Weltenall. Von der «Geschwister ewiger Bund» spricht abschließend Christian Morgenstern, also von dem Zusammenwirken der Schwestern und Brüder in der meditativen Erkenntnisarbeit und Geistessuche.

I Die Seele des Menschen in ihrer Beziehung zur geistigen Welt

Die Grundstein-Meditation, diese «aus dem Weltenworte heraus gehörten Sprüche(n)»[4], nehmen das Leben der menschlichen Seele im dreigliedrigen Organismus zum Ausgangspunkt und sprechen von deren Entwicklung und Verbindung mit dem Makrokosmos. «Wahrgenommen werden konnte jene Dreigliederung des Menschen, durch die der Mensch in seinem ganzen Wesen nach Geist, Seele und Leib sich in erneuerter Form beleben kann das ‹Erkenne dich selbst› ...»[5]

Zunächst leben Denken, Fühlen und Wollen im persönlichen Seelenraum und reichen noch nicht an das überpersönliche Geistige. Im gereiften Menschen bestaunen wir das selbstlose Licht in seinem Denken, das Interesse und die Liebe in der Zuwendung zum anderen Menschen wie auch die Güte in den Handlungen. Die Selbstbezogenheit, die Karriereorientierung oder andere außenorientierte Lebensmotive sind überwunden und der Mensch leuchtet als gleichsam engelhaftes Wesen in seinen Lebensäußerungen. Diese Verwandlungsarbeit wird in der Grundstein-Meditation durch ein dreifaches «Übe» angesprochen, damit sich wahrhaftes Denken, Fühlen und Leben entwickeln. Je mehr der Mensch sich aus seinem engen persönlichen Innenraum befreit, umso mehr verbindet er sich mit der Welt. In der Wahrheitssuche verstummen die persönlichen Neigungen und Vorlieben, indem das als wahr Erkannte aufleuchtet. Ebenso lebt in der eigentlichen Menschenliebe nicht die Selbstliebe, sondern das Verstehen des anderen Menschen. Liebe macht sehend, beschrieb es Rudolf Steiner in seiner *Philosophie der Freiheit*.[6] Das Fühlen wird zu den «Augen der Seele», in der Begegnung mit dem «Du» wird etwas von seinem Wesen erfahren. Und auch das Handeln kann sich aus Einsicht entwickeln und damit einer objektiven Zielsetzung und nicht egozentrischen Motiven folgen.

Die verwandelten Seelenfähigkeiten verbinden sich so mit der geistigen Welt, mit ihren geistigen Quellen und Wesen. Denken, Fühlen und Wollen sind mit den Hierarchien der Geisteswelt verbunden – so wird es von Rudolf Steiner beschrieben –, die durch ihre Kräfte die Seelenfähigkeiten des Menschen beleben. Wir wollen diesem Zusammenhang nachgehen, da er zentral zur Grundstein-Meditation gehört. Schließlich ernährt sich der Mensch nicht nur körperlich, sondern braucht belebende Kräfte für die Seele und den Geist, die er höheren Welten verdankt. Leere der Seele und Sinnverlust im Leben sind wie eine seelisch-geistige Hungersnot. Wir fühlen gegenwärtig mit den zahllosen leiblich hungernden Menschen mit und bemerken schmerzhaft die Schere zwischen der Unterernährung und der Überernährung mit Vernichtung von Lebensmitteln, die an anderen Orten der Erde so dringend gebraucht werden. Es gibt aber auch eine seelisch-geistige Hungersnot. Tiefe Fragen der Biografie, des eigenen Schicksals und nach dem Sinn des Lebens brauchen eine geistige Perspektive als Seelennahrung. «Anthroposophen können daher nur Menschen sein, die gewisse Fragen über das Wesen des Menschen und die Welt so als Lebensnotwendigkeit empfinden, wie man Hunger und Durst empfindet», heißt es im ersten Leitsatz der Anthroposophie.[7]

Wir können das Hereinleuchten wesentlicher Gedanken, neuer, vielleicht erlösender Perspektiven für das Leben nicht nur «glücklichen Zufällen» zuschreiben, sondern den Gedankenboten, den Engeln verdanken. Gute Gedanken kommen in der Regel «nicht von selbst», sondern setzen ein intensives Arbeiten und Bemühen voraus. Manchmal kommen dann in die seelische «Stille» die gesuchten Einfälle und müssen als solche erkannt werden. Mit diesen Gedanken fällt ein neues Licht in die Seele und erlöst sie aus manchen Finsternissen. Ebenso kann im Zusammensein mit anderen Menschen eine verbindende geistige Wirksamkeit gespürt werden, ein Sich-Verstehen, das Seele zu Seele trägt und verbindet. Diese unterscheidet sich von dem Wirken der engelhaften Lebensbegleiter des einzelnen Menschen, hat damit eine größere, Menschen verbindende Mächtigkeit und weist auf die Wirksamkeit der Erzengel. Sie gehören, wie auch die Engel, zu den Seelengeistern. Eine gemeinsame «Sonne» scheint in der gelingenden Menschenbeziehung und Gemeinschaft. Schließlich ist eine dritte Dimension erlebbar: der zeitgeschichtliche Zusammenhang. Eine Idee hat ihre Zeit und es gibt nichts Mächtigeres als eine Idee, deren Zeit gekommen ist.[8] So wirken auch die Zeitgeister in unserem Denken und inspirieren durch «mächtige Ideen» zu Handlungen. Damit zeigt sich ein Zusammenhang der dritten Hierarchie, der Engel, Erzengel und Zeitgeister zum Denken des Menschen.

Das Fühlen öffnet die Seele für die Welt und verbindet Menschen. Oftmals entdecken wir erst im Nachhinein die Weisheit in der menschlichen Begegnung. Sören Kierkegaard beschreibt, wie das Leben nach vorne gelebt, nach rückwärts verstanden wird.[9] In diesem Besinnen auf die Weisheit des Schicksals ist der verbindende Geist, auch der Geist einer Gemeinschaft zu erahnen. Menschliches Zusammenfinden trägt eine Weisheit in sich. Erst später und manchmal im Rückblick wird diese Weisheit in menschlichen Beziehungen und Menschenkonstellationen bemerkt und vielleicht sogar bestaunt. Diese Schicksalsweisheit ist nicht fest und unveränderlich, sondern kennt Bewegung. Goethe findet ein Gleichnis für die Bewegungskräfte des Schicksals:

> «Seele des Menschen,
> wie gleichst Du dem Wasser!
> Schicksal des Menschen,
> wie gleichst Du dem Wind!»[10]

Das Schicksal weht uns an. Nicht nur die Geister der Weisheit, sondern auch diejenigen der Bewegung wirken im Schicksal des Menschen. Kommt Bewegung zur Ruhe, so entsteht Form; Form ist die zur «Ruhe gekommene Bewegung», charakterisierte es Rudolf Steiner.[11] Alle Ereignisse in unserem Leben, die wir erinnern, sind «geworden», sind wie eine zur Ruhe gekommene Bewegung und damit Form. Leben gerinnt in der Kette seiner Ereignisse, in eine Lebensschrift, lateinisch «Biographie», der einzelnen Menschen und Menschengemeinschaften. Geister der Form, Geister der Bewegung, Geister der Weisheit, also die zweite Hierarchie offenbart sich im Schicksal und im Zusammenfinden der Menschen. Das Fühlen und die Herzkräfte bilden dabei die Brücken zum anderen Menschen. Im entwickelten Fühlen, in der Liebe zum Anderen wirkt Weisheit, wenn die Liebe nicht «blind» ist, entwickeln sich Wärme und Beziehungskräfte, welche in Bewegung bringen und die eine Seele zur anderen tragen. So entsteht eine Kraft, die durch die Liebe schöpferisch in der Welt wirkt. Im Fühlen kann sich der Mensch mit der zweiten Hierarchie verbinden.

Auch im Willen wirkt eine – von uns allerdings kaum bemerkte – Weisheit. Wenn wir versuchen, uns an unsere Lebensimpulse zu erinnern und dasjenige in das Bewusstsein zu nehmen, was uns als innere Werte im Tiefsten unserer Seele leitet, dann kommen wir zu Motiven, die nicht im bisherigen Leben entstanden sind, sondern die sich in unterschiedlicher, während des Lebensverlaufs verändernder Gestalt zeigen und in das Erdenleben aus dem Vorgeburtlichen hereingebracht werden. Beispielsweise war ein ärztlicher Kollege und Chirurg leidenschaftlicher Arzt. Schon als kleines Kind hatte er seine Spieltiere behandelt und wohl auch «operiert». Ein tiefer Lebensimpuls kündigt sich fernab vom wachen Tagesbewusstsein in diesen Seelentiefen an. Ein «Erinnern» an diese Schicksalsimpulse ist nicht wie ein Erinnern der normalen Lebensereignisse und biografischen Geschehnisse, sondern ein geistiges Erinnern, ein «Geist-Erinnern». Wir «leben» diese Impulse sehr unterschiedlich: Manchmal entwickelt sich ein inneres Wissen oder Ahnen von diesen Impulsen in den Tiefen der Seele, aber sie werden in der äußeren Lebensgestaltung nicht «befolgt». Wir gehen bestimmten Lebensaufgaben «aus dem Weg». Im Nachherein ist dann zu spüren, dass etwas versäumt worden ist, dass wir auf diesen verhaltenen Seelenruf hätten antworten sollen. Diese Lebensimpulse bleiben dann im Unterbewussten, werden nicht «erinnert» und nicht wirksam im Leben. Auf der anderen Seite gibt es biografische Phasen, in denen der Mensch «sich im Strom» seines Lebens fühlt. Dann steht die Lebensgestaltung im Einklang mit den vorgeburtlichen Schicksalsmächten, wir gehen nicht an ihnen vorbei, sondern leben «wahrhaft» mit ihnen, handeln mit unserem Ich in Einklang mit den schicksalsmäßigen Ausgestaltungen des Erdenlebens, den «Linien des Lebens» (Hölderlin[12]). Die Schicksalsimpulse sind niemals fatalistisch wirksam, sondern geben Grundmotive. Im «freien Wollen» gestalten wir demgegenüber vor dem Hintergrund dieser schicksalsmäßigen Lebensmotive die Zukunft. In jedem Augenblick wirken Schicksalsmotive der Vergangenheit und Kräfte aus der Zukunft in diesem Doppelstrom der Zeit zusammen:

Eine Brücke ist der Mensch
Zwischen dem Vergangnen
Und dem Sein der Zukunft;
Gegenwart ist Augenblick;
Augenblick als Brücke.
Seele gewordner Geist
In der Stoffeshülle
Das ist aus der Vergangenheit;
Geist werdende Seele
In Keimesschalen
Das ist auf dem Zukunftwege.
Fasse Künftiges
Durch Vergangnes

Hoff' auf Werdendes
Durch Gewordenes.
So ergreif das Sein
Im Werden;
So ergreif, was wird
Im Seienden.[13]

Impulse in unserem Leben, die wir vielleicht rückblickend als Weisheit unseres Lebens erkennen, hängen nicht nur mit uns zusammen, sondern verwirklichen sich meistens im Zusammenfinden mit anderen Menschen, in größeren Menschenkonstellationen und brauchen auch ihre richtige Zeit. Wenn es zur Biografie gehört, eine Einrichtung mit anderen zusammen aufzubauen, so wird im Nachherein deutlich, wer alles mitgeholfen hat und welche wichtigen Konstellationen im unmittelbaren Umkreis, im Gesellschaftlichen, manchmal auch im Politischen, notwendig waren, damit diese Gründung möglich wurde. Sie gehen weit über unsere persönliche Initiative und «Erfindungsgabe» hinaus, indem sie mit der Welt und dem Schicksal der anderen Menschen verbunden sind. Wer hat diese Schicksalswirklichkeit «geschaffen»? entsteht als Frage in der Seele. Die Schöpfer der Schicksalszusammenhänge, die sich durch das Handeln verwirklichen, sind nicht nur die Lichtesgeister der zweiten Hierarchie, die in dem Schicksal leben und leuchten, sondern dessen Schöpfer. Hier begegnen wir ahnungsweise der Welt der ersten Hierarchie. Sie ist mit dem Willen verbunden, durch den wir das Schicksal gestalten.

Nur in ausgesuchten und seltenen Augenblicken des Lebens, die dann als besonders wesentlich empfunden werden und sich aus dem alltäglichen «Funktionieren» herausheben, ahnt die Menschenseele die Wirksamkeit dieser hierarchischen Welt. Im Schlaf sind wir mit ihr verbunden. Während des Tages verschlafen wir die geistigen Wesensbeziehungen unserer Seele. Nur manche guten «Einfälle» im Denken, Stimmungen des Erfülltseins der Seele oder impulsierende Kräfte im Willen können auf diese «seelenbegnadende» geistige Welt hinweisen. Stimmungen, die nach dem Erwachen aus der Nacht in den beginnenden Tag hineinreichen, lassen die spirituellen Geschehnisse der Nacht erahnen und können zum Handeln während des Tages befeuern. Sie entstehen meistens nicht direkt nach dem Erwachen, sondern einige Zeit später. Es sind Morgenkräfte der Seele, die «vom Osten befeuern», was während des Tages zu gestalten ist. Es kommt immer mehr darauf an, dass der Mensch diese geistigen Wirksamkeiten bewusst erfährt, ihre Worte hören lernt. «Menschen mögen es hören» heißt es entsprechend in der Grundstein-Meditation. Dadurch wird der Mensch immer mehr zu einem Mitschöpfer, der sich nicht nur selbst «verwirklicht», sondern für das Ganze und sein Gelingen wirken möchte: «dass gut werde, was wir aus Herzen gründen, aus Häuptern zielvoll führen wollen».

II.1 Die Dreigliederung des Menschen

Die Grundstein-Meditation umfasst die leibliche Dreigliederung mit den Leibesgliedern, dem Herzens-Lungen-Schlag und dem ruhenden Haupt. Genauso bezieht sie sich auf die seelische Dreigliederung der Seelenfähigkeiten des Lebens, Fühlens und Denkens und führt zur geistigen Dreigliederung in den drei großen Gruppen hierarchischer Wesen und schließlich der Trinität. Der Mensch erscheint als dreigliedriger Mikrokosmos in seiner Beziehung zum dreigliedrigen Makrokosmos. Seine

Entwicklung führt aus dem Persönlichen seines Lebenszusammenhanges durch die Übungsaufgaben zum Verbinden mit der Welt. Aus dieser kommen die Kräfte, welche die Menschenseele zu wahrhaftem Denken, Fühlen und Leben impulsieren und damit auch wieder zurückwirken in die irdischen Verhältnisse. Der Erkenntnisweg möchte den Menschen zum Makrokosmos und seiner Geisteswelt führen. Der umgekehrte Weg vom Kosmos zum Menschen ist demgegenüber mit den aufbauenden Kräften, dem Heilen verbunden. Die makrokosmische Welt ist das Urbild für den Mikrokosmos «Mensch» und ist Quelle für alle gesundenden Kräfte. So stehen sich der Erkenntnisweg und das Heilen gegenüber: Der erstere verwandelt die Seelenfähigkeiten und möchte sie mit dem Kosmos, seinen Höhen, dem Umkreis und den Tiefen verbinden. Der andere nimmt diese makrokosmischen Kräfte auf und möchte sie dem Leib, der Seele und dem Geist des Menschen zufließen lassen.

Die Dreigliederung des Menschen kennt ein Oben und ein Unten. In der Aufrechte der menschlichen Gestalt ist das Haupt zu den Höhen, der untere Mensch zu den Tiefen orientiert. Im Rhythmischen System verbindet er sich demgegenüber mit dem Umkreis: Die Einatmung führt die Luft nach innen, die Ausatmung in den Umkreis. Die Seele kann diese drei großen kosmischen Richtungen erleben: Im Haupt entfaltet sie das Denken und erwacht in der Bewusstseinswelt im Gedankenlicht aus den Höhen. Im Rhythmischen System entwickelt sich die fühlende Seele und verbindet sich mit dem Umkreis. Im Stoffwechsel-Gliedmaßen-System wirkt der Wille und wendet sich der Erde zu. Diese drei Richtungen der dreigliedrigen Organisation verbinden sich mit dem Makrokosmos. Wenn wir bei Nacht auf einem weiten Feld bei klarem Himmel stehen, so erleben wir die Verbindung mit den Sternen. Sie schenken ihr Licht der Seele; unzählige Menschen haben sich in Notsituationen zu den Sternen gewandt, um Trost zu empfangen. Das Erlebnis des Sternenhimmels weckt die Empfindung vom Walten des Göttlichen.

Der Sonnenaufgang am Horizont zeigt demgegenüber die ersten Farben des erwachenden Tages. Sein Licht ist mit den «befeuernden» Werdekräften des neuen Tags[14] verbunden und entwickelt sich im rhythmischen Sonnenlauf. Am Abend beleuchtet es dann – aus dem Westen scheinend – das während des Tages Gewordene, Gestaltete: «Lasset vom Osten befeuern, was durch den Westen sich gestaltet». Während der Sternenhimmel Gefühle der religiösen Vertiefung weckt, entsteht Freude in der Hinwendung zur Sonne. Die Seele vereint sich im Fühlen mit ihrem Licht und damit mit demjenigen Wesen, was seit dem Mysterium von Golgatha mit der Erde verbunden ist und in dem Ätherischen wirkt. «Des Christus Licht in unserem Tageslicht» heißt es in der Menschenweihehandlung der Christengemeinschaft.

Lenkt sich schließlich die Aufmerksamkeit in die Tiefen, so wird die Feuchte, Festigkeit des noch dunklen Bodens gespürt. Aus den Elementen bilden sich die Naturreiche und die leiblichen Erscheinungsformen ihrer Wesen. Während der Blick nach oben in die Ewigkeitswelten der Sterne führt, so offenbart der Umkreis die Weltenrhythmen. Die Gliedmaßen sind mit den Kräften der Schwere verbunden und durchschreiten die Raumeswelt. Die göttliche Schöpfermacht wirkt «Sein-erzeugend» in den Tiefen.

Die Grundstein-Meditation bildet die Grundlage für die gesamte Anthroposophie, für die Arbeit der Sektionen und Lebensfelder, in denen die Anthroposophie fruchtbar wird. Gleichermaßen ist sie auch der Grundstein für die Arbeit der Ersten Klasse der Freien Hochschule für Geisteswissenschaft am Goetheanum. Ihre auffordernden Worte zur Selbsterkenntnis, die sie an die Menschenseele richtet, stehen mit dem meditativen Erkenntnisweg der Anthroposophie in engem Zusammenhang. Es sind Übungsaufgaben, die mit der Entwicklung des menschlichen Wesens, mit der Ich-Geburt zusammenhängen und die dieses Geistige im Menschenwesen zu dem Geistigen im Weltenall führen möchten. Insofern lebt in den Übungsaufrufen die Erkenntnisaufforderung «O Mensch, erkenne Dich selbst» in dreifacher Weise und tönt an den Willen, das Fühlen und Denken der Menschenseele heran.

II.2 Das Gute

In der vierten Strophe der Grundstein-Meditation wird wie in einer Bitte von dem «Guten» gesprochen:

> «Dass gut werde,
> was wir aus Herzen
> gründen,
> aus Häuptern
> zielvoll führen wollen».

Wann entwickelt sich das Gute und wie finde ich das «Gute»? Diese Frage begleitet den Menschen in seiner täglichen Arbeit, besonders existenziell natürlich in allen Tätigkeiten, die uns mit anderen Menschen verbinden. Aber auch in unserem Verhältnis zur Erde stellt sich diese Frage: Wann handle ich im Sinne meines persönlichen Nutzens, wann im Sinne der Erde und ihrer Gesundheit, ihrer Lebenssphäre?

In herausfordernden Lebenssituationen, wie zum Beispiel einer eingreifenden therapeutischen Entscheidung, vergegenwärtigen wir uns viele Möglichkeiten des Handelns. Diese können Alternativen aufzeigen, beantworten aber nicht die Frage, ob zum Beispiel etwas Wirksames und Effektives wirklich «gut» für den Menschen ist. Oftmals stellt sich dann ein Ahnen ein, was möglicherweise gut sein könnte. So entsteht manchmal schon im ersten Augenblick der Patientenbegegnung ein Gefühl, in welcher Richtung die Diagnose und dann auch die Therapie zu suchen ist. «Gesunde Ahnung» nannte es Rudolf Steiner und stellte sie als eine Entwicklungsstufe des Fühlens dar[15]. Wir fühlen dann das Gute, aber es ist dadurch natürlich noch nicht verwirklicht, sondern nur gefühlt. Durch die moralische Intuition können wir – mit dem Mut zum Irrtum – uns nach bestem Wissen und Gewissen für die Handlung entscheiden. Dann verwirklicht sich das Gute durch das Tun und damit die Bitte «dass gut werde». Im Handeln lebt dabei das Licht des Handlungszieles, dass aus Häuptern das Tun führen möchte, im Herzen entwickelt sich die Liebe zum Handeln, die zum Wirken leitet. Insofern wirken im Handeln des Menschen und dem gemeinschaftlichen Zusammenwirken zielvolles Licht in den Häuptern und wärmeverwandte Gründungskräfte in den Herzen, die zum Wollen führen und in das Leben wirken.

Das Gute in den Handlungen ist nicht eine persönliche Erfindung, sondern weist weit über das für den Handelnden Angenehme hinaus. Manchmal braucht die Verwirklichung des Guten die ganze Kraft des Menschen, manchmal verlangt es viele Einschränkungen und persönliche Opferbereitschaft. «Erfülle deiner Arbeit Ziele mit meinem Geisteslichte, zu opfern dich durch mich» heißt es entsprechend in einem Dezember-Wochenspruch des

Seelenkalenders[16]. Das Gute ist durch den erkennenden Menschen der Geistes- und Gotteswelt entlehnt und wird durch das freie Wollen des Einzelnen, aber auch durch das Zusammenfinden in der Gemeinschaft wirksam. Eine Handlung «wird ‹gut›, wenn meine in Liebe getauchte Intuition in der rechten Art in dem intuitiv zu erlebenden Weltzusammenhang drinnen steht; ‹böse›, wenn das nicht der Fall ist».[17] Eine «gute Tat» ist nie «überflüssig», sondern wird immer «gebraucht» und ist damit notwendig. Das Erkennen dieser bestehenden Notwendigkeit führt zum «freien Wollen», da es der eigenen Einsicht folgt, und richtet es zum Guten und Schicksalsgemäßen aus.

III Wer spricht die Worte der Grundstein-Meditation?

Die Angesprochene ist die Menschenseele, die mit einem vertraulichen «Du» angerufen wird. Der Name des Sprechenden wird nicht genannt. In einer Beziehung handelt es sich um das Menschen-Ich selber, das diese Worte zu sich spricht: «Das betrachten Sie im rhythmischen Zusammenhang mit dem, was da wird in der angerufenen, das heißt in der von sich selbst angerufenen Menschenseele, ...»,[18] formulierte es Rudolf Steiner.

Dem Inhalt nach geht es in dieser Meditation um eine tiefe Verwandlungsarbeit, um die Wahrheit des eigenen Wesens («und du wirst wahrhaft leben») zu entwickeln und alles Vorläufige, noch Getrübte unserer Seele zu überwinden. Damit wird ein Motiv angesprochen, das Rudolf Steiner im Zusammenhang mit dem Hüter der Schwelle beschrieb. Es geht um das «Mensch-Werden» in der Begegnung mit dem Hüter an der Schwelle der geistigen Welt. Nun wirken in der geistigen Welt die Wesen mit- und ineinander und sind nicht in der Weise getrennt, wie wir es von der Raumeswelt kennen. Insofern sind Antworten auf den Sprechenden vorsichtig zu suchen. In der geistigen Welt können Wesen durch Wesen sprechen. Damit kann man in dieser Ansprache der Menschenseele auch die Entwicklungsaufforderung des Zeitgeistes Michael hören:

Wir Menschen der Gegenwart
Brauchen das rechte Gehör
Für des Geistes Morgenruf,
Den Morgenruf des Michael.
Geist-Erkenntnis will
Der Seele erschließen
Dies wahre Morgenruf-Hören.[19]

So formulierte es Rudolf Steiner etwa zwei Monate vor der Weihnachtstagung und dem ersten Erklingen der Grundstein-Meditation. Dieser Anruf der Seele des Menschen ist mit dem Verwandeln der Seelenkräfte verbunden und möchte den Menschen zu seinem eigentlichen Wesen entwickeln.

Die in der letzten Strophe angesprochene Christus-Sonne weist schließlich auf die tiefe Dimension dieser Anrufe der Menschenseele. Das Mysterium von Golgatha ist das entscheidende Ereignis in der Erdenzeit für die «Ich-Geburt» des Menschen. Um diese Ich-Geburt geht es in der Grundstein-Meditation, die zum wahrhaften Denken, Fühlen und Leben führen möchte und Menschen in Gemeinschaft zum «Wir» vereint. Die Grundstein-Meditation führt über das individuelle Bemühen zum Wir, zur Gemeinschaft und zu der im Menschen und in der Gemeinschaft wirkenden Christus-Sonne. Ihr Licht, ihre Wärme und ihre lebenspendende Kraft wirken in dem Denken, Fühlen und Wollen, rufen den Menschen auf, immer mehr ein wahrhafter Mensch zu werden und sich mit seinen Schwestern und Brüdern zu verbinden.

IV Aufbau der Grundstein-Meditation

Die Meditation besteht aus vier Strophen. Die ersten drei Hauptstrophen wenden sich an die menschliche Seele und haben jeweils zwei Abschnitte. Der eine beschreibt den Weg der Menschenseele zur geistigen Welt, der sie sich immer mehr entgegenentwickeln möchte; der andere hat die umgekehrte Richtung: Er beginnt mit dem Walten der Trinität und der Hierarchien und führt dann zu Menschenseelen. Der erste ist der Entwicklungsweg des Menschen zu seiner Verbindung mit dem Makrokosmos. Er beginnt mit dem Aufruf an die Menschenseele. Der zweite ist der Wirkungsweg der göttlich geistigen Welt, der aus dem Makrokosmos den Menschen erreichen will. Er beginnt mit dem Walten der Dreifaltigkeit. Es ist somit ein großes Atmen zwischen der Seele des Menschen und der Gotteswelt in den drei ersten Strophen der Grundstein-Meditation. Dieses Atmen findet sich auch im großen Zusammenhang des nachtodlichen Lebens: Hier löst sich der Mensch aus seinem dreigliedrigen Leib und verbindet sich mit der geistigen Welt und ihren göttlichen Wesen. Der umgekehrte Weg braucht das göttliche Wirken, um zum folgenden Erdenleben zu führen. Wir verdanken ihm nicht nur die Bildung unseres Schicksals, sondern auch des Leibes, der sich dann im Zuge der Inkarnation gestaltet. Der Leib ist nicht durch die Individualität des Menschen geschaffen, hierzu braucht es göttlich-geistige Wesen. «Vom Kopf bis zum Fuß bin ich Gottes Bild» heißt es entsprechend in einem Gebet für die Kinder.[20] Die Individualität des Menschen ist der bescheidene Mitgestalter an den zukünftigen Schicksalsverhältnissen und dem leiblichen Instrument des nächsten Erdenlebens.

Ein vergleichbarer, aber kleinerer Atemrhythmus vollzieht sich beim Einschlafen und Aufwachen. Mit dem Einschlafen verbindet sich das Wesen des Menschen mit der Geisteswelt. Dieser «aufsteigende» Weg wird nicht bewusst erfahren, alles ist noch verhüllt und in das Dunkel der Nacht getaucht. Mit dem Morgen und seinem Erwachen, also durch den wieder «absteigenden» Weg, bringen wir uns gestärkte Kräfte in den neuen Tag. In der nächtlichen Regeneration, auch in den schlafbewussten Heilungsvorgängen, wirkt die göttlich-geistige Welt. Der Mensch wäre für diese Arbeit an seinem Leibestempel vollständig überfordert. «Es ist der Geist, der sich den Körper baut», formulierte es Friedrich Schiller (1759–1805).[21] Manche Menschen spüren, dass sie beim Einschlafen nicht in ein «Nichts» versinken, sondern einen dem Bewusstsein verhüllten Bereich betreten. Sie können diese Erfahrung z. B. von der Bewusstseinsleere während einer Narkose unterscheiden. Umgekehrt wirken die spirituellen Erfahrungen der Nacht in den Stimmungen nach, die aus der Nacht in den Tag strahlen.

Schließlich ist das Atmen selbst mit diesen kosmischen Dimensionen verbunden: Im Ausatmen schlafen wir bewusstseinsmäßig etwas ein, verbinden uns mit der geistigen Welt; im Einatmen ergreift der Geist wiederum gestärkt den Leib. Die Bezeichnungen Ex- und In-Spiration weisen auf diese geistigen Qualitäten unserer Atmung. Sie vollzieht sich ebenso im Atmen der Sinne. Auch das Denken kennt ein «Einatmen», wenn wir einen Einfall haben, ihn «hören» und mit unserem Denken empfangen; ebenso können wir im schöpferischen Hervorbringen ein geistiges Ausatmen bemerken.

Die beiden Wege in den Hauptstrophen der Grundstein-Meditation sind uns vertraut, begleiten alle Augenblicke wie auch Tage unseres Daseins und stehen mit dem großen Atmungsrhythmus der wiederholten Erdenleben in Beziehung. Die meditative Vertiefung soll in diese zumeist unterbewusste geistige Wirklichkeit immer mehr Bewusstsein bringen. Sie beginnt beim gedanklichen Verstehen, vertieft sich in einer neuen inneren Stimmung der Seele und weist auf die Verbindung des Menschen mit der göttlichen Welt, auf das Re-ligere im Sinne des religiösen Erlebens.

An die drei Hauptstrophen schließt sich die vierte, fast gebetsartige Strophe der Grundstein-Meditation an. In ihr lebt die Besinnung auf das Weihnachtsereignis in der Zeitenwende und die Bitte um Kräfte für gutes Wirken durch die Gemeinschaft.

V Die Beziehung zur geistigen Welt entwickeln: Vier Stufen auf dem Weg zum Makrokosmos

Die beiden Ausrichtungen der ersten drei Strophen umfassen mehrere Stufen. Die Meditation steigt auf von der im Leib lebenden Menschenseele (I), führt zu den Entwicklungsaufgaben der Seele (II), dann zum Begegnen mit der Geisteswelt (III) und schließlich zum wahren Wesen des Menschen (IV). Dem aufsteigenden Weg folgt der absteigende: Er beginnt mit dem Walten der Trinität, also der Gotteswelt (I), führt zum Wirken der Hierarchien (II), dem Erklingen der Worte menschlichen Werdens und Entwickelns (III), und – über die Wesen der ätherischen Welt – zu den Menschen (IV), die diese Worte hören mögen.

V.1 Das Leben der Seele im Leib

Nach dem Anruf der Menschenseele in der jeweils ersten Zeile der drei Hauptstrophen beginnt der Weg vom Mikrokosmos zum Makrokosmos mit dem Hinweis auf das Leben der Seele im dreigliedrigen Menschen. Im Haupt entwickelt sie das Licht des Bewusstseins, durch das sich die Weltgedanken aus den Ewigkeitsgründen des Kosmos erschließen. Im Rhythmischen System, vor allem im Zusammenwirken von Herz und Lunge, atmet die Seele zwischen Zentrum und Umkreis. Das Herz umschließt einen Innenraum, wendet sich also nach innen. Die Lunge öffnet sich demgegenüber nach außen. Im funktionellen Zusammenwirken von Herz und Lunge entwickelt sich das Atmen der Seele zwischen dem Inneren, dem Zentrum, und dem Umkreis, der Peripherie. Es ist ein rhythmisches Atmen in der Zeit, «im Zeitenrhythmus». Im Stoffwechsel-Gliedmaßen-System stellt sich die Seele mit dem Willen in die Raumeswelt und setzt sich mit den Schwerekräften auseinander.

Der menschliche Organismus kennt die Polarität des Oben und Unten, also des Nerven-Sinnes-Systems und des Stoffwechsel-Gliedmaßen-Systems. Für seine Gesundheit ist das individuelle Zusammenstimmen des oberen und unteren Menschen entscheidend. Darüber hinaus gibt es das Seelengleichgewicht, welches sich zwischen Zentrum und Umkreis entfaltet und eine mehr horizontale Ausrichtung erfährt. Auch hier braucht es das rechte Maß zwischen der Innen- und der Außenorientierung der Seele. Wir kennen die sehr verschlossene Seele, die sich kaum nach außen öffnet. Umgekehrt begegnen wir Menschen mit offener Seele, die «ihr Herz auf der Zunge tragen».

Damit stehen im dreigliedrigen Menschen die senkrechte und die horizontale Achse aufeinander und bilden ein Kreuz, das seinen Mittelpunkt im Bereich des Herzens findet. Das Kreuzesmotiv erscheint mehrere Male in der Grundstein-Meditation. Wir begegnen ihm zunächst in der menschlichen Dreigliederung. Dann finden wir das Weltenkreuz in den vier Himmelsrichtungen «in Ost, West, Nord, Süd», die in dieser nicht dem Sonnengang entsprechenden Reihenfolge ein Kreuz zeichnen. Die Himmelsrichtungen sind mit der Welt des Lebendigen, der elementarisch-ätherischen Welt und ihren «Elementengeistern» verbunden. Ein großes Weltenkreuz wird durch das hierarchische Wirken aufgerichtet. Das vierte Kreuz entsteht durch das Walten der Trinität. Die vertikale Achse – bestimmt durch die Weltenhöhen und Weltentiefen – kreuzt sich mit dem Umkreis, der Himmelsachse, die den Osten mit dem Westen verbindet. Damit erscheint die Kreuzesform auf jeder der vier Stufen: In der leiblichen Dreigliederung, in der Lebenssphäre, in welche die Menschenseele eintritt und zur Entwicklung der Seelenfähigkeiten angerufen wird, in den hierarchischen Wirksamkeiten und im Walten der Trinität.

Der dreigliedrige Mensch stellt sich in Raum, Zeit und in die Ewigkeitswelt des Geistes. Mit der Tätigkeit der Glieder durchschreiten wir die Raumeswelt. Dabei entfalten sich im Stoffwechsel-Gliedmaßen-System – im Unterschied zu den anderen Systemen der Dreigliederung – intensive Lebensprozesse, die in den Stoffwechselorganen zu erstaunlichen Regenerations- und Wachstumsprozessen führen und in den Gliedern den Bewegungsstoffwechsel ermöglichen. Diese Lebensprozesse gehören zur Welt des Lebendigen, der ätherischen Welt, die im Flüssigen lebt und ihre Lebensrhythmen kennt. Die Lebensorganisation des Menschen ist mit der gesamten Lebenswelt verbunden, aus der sich die Wesen der Raumeswelt bilden. Aus der Welt des Werdenden entsteht die räumliche

Welt des Gewordenen. Auf das lebendig Werdende, die ätherische Welt, wird mit der Bezeichnung «Geistesmeereswesen» gewiesen. In dieser wandeln wir, indem wir uns unserer Gliedmaßen bedienen.

Alle rhythmischen Vorgänge entwickeln sich in der Zeit und entziehen sich der Raumeswelt. Sie stehen mit dem Fühlen des eigenen Seelenwesens in Beziehung. Das rhythmische Zusammenwirken von Herz und Lunge, von vier Pulsschlägen zu einem Atemzug (4:1), ist der zentrale Menschen-Rhythmus und führt in das Fühlen der eigenen Seele, in der das Ich des Menschen lebt. Ihm entsprechen die Weltenrhythmen: Der tägliche Sonnenrhythmus bestimmt das Rhythmische System des Menschen und koordiniert seine circadianen Rhythmen. Sonne und das Rhythmische System stehen in einem engen chronobiologischen Zusammenhang. Das menschliche Herz ist mit der Ich-Wesenheit verbunden; die Kräfte des Weltenherzens, der Sonne stehen mit dem Welten-Ich, dem seelenbegnadenden Christus-Willen, in Beziehung.

Im «ruhenden Haupte» erfasst die Menschenseele ihre Gedanken und Vorstellungen. Sie sind die Schattenbilder der Weltgedanken, die als umfassende Weisheit der Welt zugrunde liegen. Jeder Fünfstern einer Rose, oder die gesetzmäßige Anordnung der Samenkörner einer Sonnenblumenblüte offenbaren eine umfassende Weisheit, die Friedrich Schelling (1775–1854) als «sichtbaren Geist»[22] bezeichnete. Diese Weltgedanken entstammen den Ewigkeitsgründen der Welt. Sie sind «lichterflehend» und warten auf die Erkenntnis durch den Menschen, der sich in seiner geistigen Entwicklung lichterzeugend diesen Weltgedanken entgegen entwickelt. Um sich diesen zu nähern, müssen die Menschengedanken in der Gedankenruhe schweigen. Die Ruhe der Seele wird zur stummen Stille, durch die das Licht der geistigen Welt klingt und leuchtet.

Menschenseele!
Du lebest in den Gliedern,
Die dich durch die Raumeswelt
Im Geistesmeereswesen tragen:

Menschenseele!
Du lebest in dem Herzens-Lungen-Schlage,
Der dich durch den Zeitenrhythmus
In's eigne Seelenwesensfühlen leitet:

Menschenseele!
Du lebest im ruhenden Haupte,
Das dir aus Ewigkeitsgründen
Die Weltgedanken erschliesset:[23]

Nach dem Anruf der Menschenseele folgen als Erstes diese drei Feststellungen zum Leben der Seele im Leib: «Du lebest in den Gliedern ..., Du lebest in dem Herzens-Lungen-Schlage...; Du lebest im ruhenden Haupte». Dann werden als unmittelbare Fortführung des ersten Satzes die Tätigkeiten der dreigliedrigen Organisation beschrieben: Die Glieder tragen die Seele im bzw. in das Geistesmeereswesen, in die Welt des Lebendigen, Ätherischen, aus der die Raumeswelt entsteht. Der Zeitenrhythmus leitet zum Seelenwesensfühlen, das sich als Innenleben entwickelt und durch die Lebensrhythmen getragen wird. Das Haupt erschließt der Seele die Weltgedanken. Durch das Denken des Hauptes wird sie teilhaftig an den Gedanken- und Sinnzusammenhängen der Welt. Man gewinnt den Eindruck, wie diese erste Stufe der Hauptstrophen im leiblichen «Haus» der Seele beginnt und dann in das ätherische Wirken hineinführt. Wir entdecken es in den schaffenden Lebenskräften, die den Stoffwechsel-Gliedmaßen-Organismus bilden und dem Geistesmeereswesen zugehören, finden es ferner in seiner Beziehung zur Zeit und ihren Rhythmen und erkennen es in den Lebenskräften des Denkens, welche die Weltgedanken erschließen.

V.2 Die Seele verwandeln

Als zweite Stufe der ersten Abschnitte der Hauptstrophen folgen Übungsaufgaben:

> Übe Geist-Erinnern
> In Seelentiefen
>
> Übe Geist-Besinnen
> Im Seelengleichgewichte
>
> Übe Geist-Erschauen
> In Gedanken-Ruhe

Damit sind drei Übungen beschrieben, die der Entwicklung des Menschen dienen und ihn mit seinem makrokosmischen Umkreis verbinden. Sie öffnen die Seele für die geistige Welt: es geht nicht um das gewohnte Erinnern, sondern Geist-Erinnern, entsprechend um das Geist-Besinnen und Geist-Erschauen. Im alltäglichen Leben ist die menschliche Seele intensiv mit dem Leib verbunden, lebt im dreigliedrigen Organismus. Nun beginnt sie den Entwicklungsweg, der zur geistigen Welt und damit zum eigenen Wesen führt.

Der Mensch wird dann zum Ich-Wesen, wenn er sich nicht in sich abschließt, sondern mit dem Umkreis, der Mitwelt verbindet. «Der Mensch wird am Du zum Ich», formulierte es Martin Buber (1878–1965).[24] Wir haben oftmals ein durch Nützlichkeit geprägtes Verhältnis zur Mitwelt, zum Umkreis, betrachten seine Wesen mehr als

«Sachen», als «Es» und nicht als «Du». Dadurch entstehen die ökologischen Katastrophen der Gegenwart, da wir die Naturreiche, die Mitwelt, den Makrokosmos als Ressource und nicht wesenhaft verstehen. Verbindet sich der Mensch als Ich-Wesen mit der Welt als dem «Du» und findet dadurch immer mehr zu seinem eigentlichen Wesen, so wird deutlich: Selbsterkenntnis ist von der Welterkenntnis nicht zu trennen. Die drei Übungen möchten den Menschen zu dieser «Du-Beziehung» führen und mit dem Wesen der Welt verbinden, dass «das eigne Ich im Gottes-Ich erweset» und dadurch der Mensch sich zu seinem wahren Wesen entwickelt.

Die drei Übungsaufgaben haben ihren «Ort» in der Seele des Menschen. In den Tiefen der Seele vollzieht sich das «Geist-Erinnern» und lenkt die Aufmerksamkeit auf die tiefen, in unserem Willen wirkenden Lebensimpulse. Das «Geist-Besinnen» hat seinen Ort im Gleichgewicht der Seele. Die Seele lebt in polaren Kräftespannungen, die sie im alltäglichen Leben oftmals aus dem Seelengleichgewicht werfen. Im Seelengleichgewicht kommt der Mensch demgegenüber zu sich selbst, wird emotional nicht mehr abgelenkt und in Extreme geführt. Jetzt kann er das «Geist-Besinnen» üben. Augenblicke der Ruhe in der Seele, aus dem Kreisen der Gedanken in eine innere Stille einzutreten, lassen den Geist sprechen und können zu neuen Perspektiven und Gedanken führen. Dieses «Geist-Erschauen» braucht die Stille der Gedankenwelt, die Gedankenruhe der Seele.

Übe Geist-Erinnern

Das Geist-Erinnern ist kein gewöhnliches «Erinnern» an Lebensereignisse, sondern ein «Geist-Erinnern» und geschieht in den Tiefen der Seele. Wenn wir zu wesentlichen Ereignissen in unserem Leben geführt werden und z. B. uns an die Begegnung mit der Anthroposophie erinnern, so lebt manchmal eine Stimmung des «Wiederfindens» auf. «Das habe ich gesucht!» wird es oftmals empfunden: Ein aufdämmerndes Geist-Erinnern. Erinnerungen kommen meistens aus unbekannten Tiefen und werden dann im Innenraum der Seele erfahren. Dies drückt die Bezeichnung «Er-Innerung» treffend aus. Viele unserer tiefen Impulse kommen aus der vorgeburtlichen Welt, wirken in unserem Schicksal als bestimmende Kräfte. Nun geht es bei dieser Übung darum, sie aus dem träumend-schlafenden Sein in den Tiefen der Seele zum Bewusstsein zu heben. Eine von Rudolf Steiner beschriebene Übung besteht in der Unterscheidung des «Wesentlichen» vom «Unwesentlichen»[25] in der Biografie. Die Aufmerksamkeit auf das Wesentliche, also mit dem eigenen Wesen Zusammenhängende, führt über das gewohnte Erinnern hinaus zum Geist-Erinnern.[26] In manchen Lebensphasen gibt es demgegenüber ein «Vergessen» der leitenden Lebensmotive und kein «Geist-Erinnern». Dann tauchen diese in die unterbewussten Tiefen der Seele unter und werden nicht wirksam im Leben. Manchmal führen dann herausfordernde Schicksalsereignisse zu einer Wende oder es kommt in ausgesuchten Augenblicken der Biografie zum «Geist-Erinnern» mit Konsequenzen für die Lebensgestaltung.

Übe Geist-Besinnen

Durch das Geist-Besinnen verbindet sich der Mensch im Seelengleichgewicht mit dem Umkreis, dem Welten-Ich, dem Christus.

Im Wort «Besinnen» lebt einerseits der «Sinn» als geistiger Sinnzusammenhang, andererseits der wahrnehmende Sinn. Beide fügen sich im Besinnen zusammen. Nun ist es nicht das alltägliche Besinnen, sondern ein *Geist*-Besinnen. Wir können diese Qualität des Geist-Besinnens auf verschiedene Weise üben. So in der Meditation: Wenn in der Rosenkreuz-Meditation[27] das Bild des schwarzen Kreuzes mit den sieben roten Rosen entwickelt wird, werden Sinneselemente wie die Farben, die Rosen und das Kreuz in einen neuen Sinn-Zusammenhang gebracht. In diesem Zusammenhang wird von einem *Sinnbild* gesprochen, also von einem Zusammenhang geistigen Sinnes mit einem sinnlichen Bild. Ein neuer Sinn lebt in diesen innerlich erfahrenen Sinneselementen. Durch das Leben in dieser sinnerfüllten Imagination entwickelt sich das Geist-Besinnen.

Aber auch im Erkennen findet sich diese Geste wieder. Wenn wir denkend in einer Blattmetamorphose leben, so verbindet sich das sinnfindende Denken mit dem Wahrnehmen der Sinne. Wir vereinigen uns dabei mit den Werdekräften der Welt, wie sie sich im Pflanzenwachstum zeigen. Die analytische Methode der Naturerkenntnis zerstört demgegenüber durch ihre Vorgehensweise das Lebendige und damit das Objekt, das sie erforschen will. Im Erkennen vereinigt sich das Ich mit dem Wesen der Welt, dem schöpferischen Welten-Ich, und führt zu einem Atmen zwischen dem Menschen und der Welt. Das Geist-Besinnen verbindet mit dem Schöpferisch-Wesenhaften der Welt, dem Welten-Ich. Es ist die Welt des Werdens, des Schaffens, nicht des Gewordenen. Mit den Schöpfungsgedanken, die der Welt zugrunde liegen, ist der Vatergeist verbunden, das Schaffen und Werden steht demgegenüber mit dem Christus in Beziehung. Die Urbilder der Welt, also des Geistes «Weltgedanken» werden durch einen schöpferischen, einen Werdeprozess zur sinnenfälligen Wirklichkeit.[28] Sie verbinden sich mit den Lebenskräften der ätherischen Welt in den Lebensrhythmen, um in den Entwicklungsprozessen des Lebendigen zu wirken. Rhythmen tragen das Leben, seine Metamorphosen und Lebensprozesse. Dadurch sind es nicht nur Werde-Taten, sondern rhythmisch wogende Welten-Werde-Taten.

Wir finden diese «Werde-Taten» aber nicht nur in der sinnenfälligen Welt, sondern darüber hinaus in der Seele des Menschen. Auch die Ideale des Menschen sind Werde-Taten; sie sind nicht fertig, sondern beziehen sich auf das Künftige, Werdende. Ideale entstehen durch die Einsicht, die uns von ihrer Notwendigkeit überzeugt. Insofern ist ein wirksames Ideal nicht nur eine persönliche Motivation oder nur menschliche Werde-Tat, sondern Ideale sind essenziell für die Welt, werden zu Welten-Werde-Taten, die das eigene Ich mit dem Welten-Ich vereinen.

In den Idealen lebt ein reines Fühlen, die Liebe zur Handlung. Damit steht das Üben des Geist-Besinnens mit der Entwicklung des Fühlens zum «wahrhaft fühlen» in Zusammenhang. Viele unserer Taten bekommen ihre Kraft aus egoistischen Gefühlen, noch nicht vom wahrhaften Fühlen. Erst wenn sich das Fühlen aus der Erkenntnis des Ideals entwickelt, entsteht dieses reine Fühlen. Wir finden dieselbe Qualität auch im Studium der Geisteswissenschaft: Wenn es nicht beim abstrakten Wissen ihrer Inhalte bleibt, sondern sich aus ihnen eine Stimmung und Gesinnung entwickelt, entsteht ein aus der Erkenntnisarbeit entwickeltes reines Fühlen. «Da sehen wir noch genauer, welche Bedeutung das Wissen von der spirituellen Welt und die Gesinnung, die aus diesem Wissen folgt, für die geistige Welt selbst hat»[29], führte es Rudolf Steiner aus im Hinblick auf die ernährende Wirksamkeit unserer Seelen für die verstorbenen Menschen. Die Entwicklung vom Wissen zur Gesinnung wird durch das «Übe Geist-Besinnen» ermöglicht.

Übe Geist-Erschauen

Durch die Sinne wird das sinnliche Erschauen ermöglicht. Nun geht es um eine darüber hinausführende Qualität, das Geist-Erschauen. Das «Aufblitzen» des Geistes[30] [31] in der Sinneserfahrung durch den Erkenntnisvollzug ist ein erstes Geist-Erschauen. Es führt von der Erscheinung zum Wesen. Schiller beschreibt in seiner Theosophie des Julius die sichtbare Welt als ausgeführte «Zeichnung» Gottes[32] und die Aufgabe des Menschen, wiederum zu der «ersten Zeichnung Gottes» zu kommen:

«Das Universum ist ein Gedanke Gottes. Nachdem dieses idealistische Geistesbild in die Wirklichkeit hinüber trat und die geborne Welt den Riss ihres Schöpfers erfüllte – erlaube mir diese menschliche Vorstellung –, so ist der Beruf aller denkenden Wesen, in diesem vorhandenen Ganzen die erste Zeichnung wieder zu finden, die Regel in der Maschine, die Einheit in der Zusammensetzung, das Gesetz in dem Phänomen aufzusuchen und das Gebäude rückwärts auf seinen Grundriss zu übertragen. Also gibt es für mich nur eine einzige Erscheinung in der Natur, das denkende Wesen.»[33]

Durch die Fähigkeit des Staunens, des Verwunderns öffnet sich die Seele für das Geist-Erschauen. Durch die Verehrungskräfte gegenüber Wahrheit und Erkenntnis bereitet sich der nächste Schritt vor. In der Stille der Seele können dann Fragen reifen. Wir leben derzeit in einer Welt voller Informationen, die zu schnellen Urteilen und Erklärungen führen. Demgegenüber können wir uns um eine Kultur des Fragens bemühen, nicht des schnellen Antwortens. Rudolf Steiner hat auf diese Kultur des Fragens im Zusammenhang mit der Parzival-Geschichte hingewiesen: «Wir urteilen, aber wir verlernen vollständig, zu fragen. Fragen lernen wir nur, wenn wir jenes Gleichmaß der Seele in uns auszubilden vermögen, das sich Ehrfurcht und Ehrerbietung bewahren kann vor den heiligen Gebieten des Lebens, … . Fragen lernen wir nur, wenn wir uns versetzen können in eine erwartungsvolle Stimmung, so dass durch dieses oder jenes Ereignis sich uns dieses oder jenes im Leben offenbaren mag, wenn wir warten können, wenn wir eine gewisse Scheu tragen, das eigene Urteil anzuwenden gegenüber dem gerade, was mit Heiligkeit aus den heiligen Gebieten des Daseins herausströmen soll, wenn wir nicht urteilen, sondern fragen, und nicht nur etwa Menschen fragen, die uns etwas sagen können, sondern vor allem die geistige Welt fragen, der wir nicht unser Urteilen entgegenhalten, sondern unsere Frage, unsere Frage schon in der Stimmung, in der Gesinnung. Versuchen Sie sich durch Meditation so recht klar zu werden, welcher Unterschied besteht zwischen dem Entgegenhalten von Urteilen und dem Entgegenhalten von Fragen gegenüber den geistigen Gebieten des Lebens. … Gewiss müssen wir urteilen in bezug auf die äußeren Verhältnisse des Lebens. Daher habe ich auch nicht gesagt, wir sollen überall unser Urteilen einschränken; sondern über das, was die tieferen Geheimnisse der Welt sind, sollen wir die erwartungsvolle Fragestimmung kennenlernen. Fortgehen wird unsere spirituelle Bewegung durch alles, wodurch diese Fragestimmung in einem größeren Teile der Menschheit anerkannt und gefördert wird; gehemmt wird unsere spirituelle Bewegung durch alles, was an leichtfertigem Urteilen sich dieser Strömung entgegensetzt.»[34]

Fragen sind wie «Sinnesorgane für die Antwort», also für ein geistiges Erschauen: Wenn eine Frage in der Seele lebt, so kann diese entscheiden, welche von den vielleicht angebotenen Antworten «passt» und damit die Richtige ist. Insofern lebt in den Untergründen der Frage bereits etwas von der Antwort. Sie kommt in der Stille der lauschenden Seele aus den Seelentiefen in das Bewusstsein und wirft ein neues Licht über einen ansonsten im Dunkeln liegenden Zusammenhang. Der Erkenntnisweg der Michaelschule der Freien Hochschule für Geisteswissenschaft beginnt mit Fragen, die sich in den Zusammenhang der Selbsterkenntnis stellen und zu einem Licht in der dem Menschen meist nicht bewusst zugänglichen, also noch finsteren Geisteswelt führen möchten.

Durch das Erfassen der Zusammenhänge, also der Weltgedanken, leuchtet «Welten-Wesens-Licht» in das Bewusstsein des denkenden Menschen und möchte ihn über das Gedankenlicht dieser Wesen zu ihnen selbst führen. Erkenntnis ist in ihrer eigentlichen Qualität eine Tat der Liebe, durch die sich der erkennende Mensch zu dem Wesenhaften erhebt. Diese Erkenntnis ist nicht analytisch und damit zerstörend, sondern erfasst Zusammenhänge als organismische Offenbarung des Wesens. In der Erkenntnis leuchtet Geist-Erschauen anfänglich auf und befähigt den Menschen aus eigener Einsicht zum Handeln und damit zum freien Wollen.

V.3 Das Ich mit der geistigen Welt verbinden

An diese zentralen Übungsaufgaben anschließend wird als dritte Stufe auf die Verbindung des Ich-Wesens mit der geistigen Welt gewiesen. Der Mensch beginnt als «peripheres Wesen» seinen Lebenslauf. Schon in der embryonalen Entwicklung wird die Anlage des physischen Leibes von embryonalen Hüllen umgeben, welche die erste «Verleiblichung» der Wesensglieder des Menschen darstellen. Auch das dann geborene Kind ist mit dem Umkreis verbunden, lebt ihn im Nachahmen mit und spricht sich wie aus dem Umkreis mit seinem Vornamen an. Als Erwachsener erlebt der Mensch sein «Ich» in sich selbst, fühlt die Welt als das «Gegenüber» und spürt sein Getrenntsein von ihr. Ein Abgrund und eine Bewusstseinsschwelle entstehen durch die Trennung des Menschen von der ihn umgebenden Welt. Der sterbende Mensch wird demgegenüber wieder ein peripheres Wesen, erlebt sich oftmals wieder mit der Welt und ihren Wesen verbunden. Der Weg führt zurück zur Wesensbeziehung mit der Welt und gleichzeitig auch zum eigentlichen Ich-Wesen. In der frühen Kindheit ist das Ich-Erlebnis noch wie schlafbewusst und paradiesisch mit dem Umkreis verbunden, beim Sterbenden wird es eine mehr und mehr bewusste Erfahrung. «Selbstwerdung» oder auch «Autogenese» wird diese verschiedentlich bezeichnet. Dieser Weg drückt sich im Sinne eines bewusst gegangenen Erkenntnisweges durch die folgenden Worte der Grundstein-Meditation aus:

Wo in waltendem
Weltenschöpfer-Sein
Das eigne Ich
Im Gottes-Ich
Erweset;

Wo die wogenden
Welten-Werde-Taten
Das eigne Ich
Dem Welten-Ich
Vereinen;

Wo die ew'gen Götterziele
Welten-Wesens-Licht
Dem eignen Ich
Zu freiem Wollen
Schenken;

Dreimal wird das «eigene Ich» in seiner Verbindung mit der geistigen Welt benannt. In dem Alltagsbewusstsein empfinden wir das Ich – meistens im Kopf – zentriert, und erleben – wie bereits ausgeführt – das eigene Wesen von der Welt als einem Gegenüber getrennt. Diese Zentrizität, manchmal auch Egozentrizität[35] ist aber nur die eine, besonders auffällige Seite des Ich. Seine eigentliche Wirklichkeit ist demgegenüber mit der Welt, der «Mitwelt»[36] verbunden und spiegelt sich durch das Nervensystem als «provisorisches Ich» im Bewusstsein.

Im Erkennen erfassen wir einen Zusammenhang, ein Wesen, und bemerken, wie wir im Augenblick des Erkennens und der dann erlebten Evidenz von dem Erkannten nicht mehr getrennt, sondern verbunden und eins geworden sind. Im Augenblick des Erkennens gibt es kein «Hier» des Erkannten und «Dort» des Erkennenden, sondern beides fließt zusammen – es ist die Grundgeste der Intuition, die deswegen ihrer eigentlichen Qualität nach der Liebe verwandt ist. Ohne die Liebe, das heißt die aktive, selbstlose Hingabe, und damit ohne die Verbindung mit dem Anderen kommt es nicht zur Erkenntnis, das Andere bleibt unverstanden, äußerlich. Erst das Geliebte kann verstanden werden. Steiner spricht in diesem Zusammenhang von der Liebe als einer Qualität des Denkens und seiner warm in die Welterscheinungen eintauchenden Wirksamkeit: «Das Denken lässt nur allzuleicht in diesem Nacherleben kalt; es scheint das Seelenleben auszutrocknen. Doch dies ist eben nur der stark sich geltend machende Schatten seiner lichtdurchwobenen, warm in die Welterscheinungen untertauchenden Wirklichkeit. Dieses Untertauchen geschieht mit einer in der Denkbetätigung selbst dahinfließenden Kraft, welche Kraft der Liebe in geistiger Art ist.»[37] Erkennen ist unter diesem Aspekt ein Sich-wieder-Verbinden, ein re-ligere. Durch das Erkennen kann der Mensch sich zum Göttlichen erheben, im Gottes-Ich erwesen, und damit mit den göttlichen Ursprungskräften verbinden. Der Übungsweg des Menschen hat zur Aufgabe, den Abgrund zwischen dem egozentrisch empfundenen Ich und der Welt, aus dem derartig viele ökologische Katastrophen entstehen und entstanden sind, zu überwinden. Erst wenn wir die Welt als mit uns verbunden erleben, werden wir anders mit ihr umgehen. Das Gefühl, ein Fremdling zu sein in einer auch sonst unabhängig existierenden Welt, ist der Erkenntnisausgangspunkt für den gegenwärtigen Menschen. Er ahnt, dass sein eigentliches Wesen mit der Welt verbunden ist und diese ihm deswegen das «Erkenne dich selbst» zuruft, um mit der Selbsterkenntnis gleichzeitig zur Welterkenntnis zu kommen, das eigene Ich im Gottes-Ich gewahr zu werden. Manche sterbende Menschen kennen diese Erfahrung. Eine über eine längere Zeit betreute Patientin schenkte einige Zeit vor ihrem Tode das folgende Gedicht:

Du lieber Baum!
Ich umarme dich
Mein stiller Freund
Wie oft habe ich dich
Schon gesehen und doch nicht,
bin an dir vorbeigelaufen
und hab dir nicht
für deine stille

Freundschaft gedankt,
Ja dich hätte ich
lieben sollen und
nicht den falschen Freund.
Nun bist du ein Stück
von mir
und ich ein Teil von dir.[38]

Sie erlebte sich mit der Welt und ihren Wesen verbunden.

Das alltägliche Ich ist nur das Bild für das wahre Ich-Wesen. Dieses tritt normalerweise nicht in das Alltagsbewusstsein ein. Wir entwickeln ein Selbstbewusstsein, das von vielen Dingen des alltäglichen Lebens abhängig ist, verfügen über ein unterschiedlich ausgeprägtes Selbstgefühl, das vom Empfinden einer Minderwertigkeit bis zur Überheblichkeit reicht, wir bemühen uns um Selbstwirksamkeit und erleben tagtäglich hier die enormen Herausforderungen und Entwicklungsaufgaben. So sind wir in unserer Verkörperung noch nicht «wahrer», vielmehr ein vorläufiger Mensch. Um sich zum wahren Menschen zu entwickeln, um das eigene Wesen, welches nicht eintritt in das Erdenleben, «wiederzufinden», muss die Schwelle, der Abgrund zwischen dem zentrischen Ich-Bewusstsein und der Welt, überwunden werden. Eine Meditation Rudolf Steiners beschreibt diesen Weg zum ewigen Wesen des Menschen, das mit der Welt verbunden ist und sein Spiegelbild im Ich-Bewusstsein des Alltags findet:

Ich schaue in die Finsternis:
In ihr ersteht Licht,
Lebendes Licht.
Wer ist dies Licht in der Finsternis?

Ich bin es selbst in meiner Wirklichkeit.
Diese Wirklichkeit des Ich
Tritt nicht ein in mein Erdensein.
Ich bin nur Bild davon. Ich werde es aber wiederfinden,
Wenn ich,
Guten Willens für den Geist,
Durch des Todes Pforte gegangen.[39]

Diese Meditation wird mit dem Titel «Zur Gewinnung des Ich» überschrieben. Denn das wahre Ich-Wesen des Menschen tritt nicht in das Erdendasein ein. Es muss erst wiedergefunden werden. Auch aus diesem Grund wird in der Grundstein-Meditation nicht das Ich des Menschen angerufen, sondern die Menschenseele. Diese soll durch die Übungsaufgaben zu diesem «Wiederfinden» befähigt werden. Das dreifache «Übe» gehört zu der Aufforderung an den Menschen, die am Anfang dieses Weges steht: Erkenne dich selbst.

Das «Geist-Erinnern» führt zu den tiefen Impulsen unseres Lebens, die zu dem eignen Schicksal gehören. Im Vergegenwärtigen des bisherigen Lebens erscheinen existenzielle Motive in sich wandelnder Gestalt, die schicksalsbestimmend sind. Die Weisheit des Schicksals, die dem eigenen Leben zugrunde liegt, aber auch viele Menschen im Umkreis einbezieht, ist nicht zufälliger Art, sondern entstammt einem Zusammenwirken mit geistigen Wesen, den Schöpfermächten der ersten Hierarchie. Sie bewirken die «gerechten Ausgestaltungen»[40] des Erdenlebens, gemäß den vorhergehenden Inkarnationen. Schicksal lebt aber nicht nur in den Ereignissen der Biografie, sondern wirkt bis in die leibliche Konstitution. Manche Lebensaufgaben setzen eine bestimmte Konstitution voraus. Der Musiker braucht das passende Instrument, um im Zusammenklingen mit den anderen seine Melodie zu spielen. Insofern haben Schicksalsmächte eine bis in die Stofflichkeit hereinreichende Wirksamkeit.

Das Geist-erinnernde Verbinden mit der Welt und ihrem göttlichen Sein, dem Weltenschöpfer-Sein, führt zu dem «das eigne Ich im Gottes-Ich erweset». Mit dem Verb «erwesen» wird auf das «zum Wesen werden», also «seiend» werden gewiesen. Vorher ist der Mensch schlafbewusst mit dem Göttlichen verbunden. Der Glanz des kleinen Kindes offenbart noch etwas von seiner Gottesnähe, dem Ex Deo nascimur. Dann verlässt der Mensch diese göttliche Heimat im Verlaufe seiner Kindheit. Mit der Entwicklung des Alltagsbewusstseins erwacht der Mensch zu sich selbst, zum Gegenstandsbewusstsein des alltäglichen Lebens. Er erlebt die Dinge der Welt nun als getrennt von sich, als das Gegenüber, wird zu einem «Fremdling» in der Welt. Anschauungen, welche die Welt auch ohne den Menschen und unabhängig von ihm empfinden, diesen als Zuschauer einer sich separat entwickelnden Welt betrachten, entstehen aus diesem Getrennterleben von der Welt. Eine zukünftige Entwicklungsaufgabe ist es, sich wieder mit der Welt als Ausdruck des Göttlich-Wesenhaften zu verbinden, das eigene Ich im Gottes-Ich zu «erwesen». Das Evangelienwort «Wenn ihr nicht werdet wie die Kindlein» weist auf diese Perspektive.

Der Urgrund des Seins wird von der göttlichen Welt getragen. Aus ihr entwickelt sich alles Schaffen, das in schöpferischer Tätigkeit aus dem Allgemeinen das jeweils Besondere, einmalig Gestaltete, schafft. Das schöpferische Prinzip in der Welt ist die Liebe. Sie führt aus der Welt der Urbilder zur schöpferischen Gestaltung im Werden und ist mit der Christus-Wesenheit, dem Welten-Ich, verbunden. «Christus ist der Lehrer der Menschenliebe» heißt es in der Kinderhandlung der Waldorfschule und der Christengemeinschaft. Im lebendigen Erfassen des Werdens, also im Geist-Besinnen möchte sich das Menschen-Ich mit dem Welten-Ich vereinen.

Das eigene Ich wird durch das Licht der Höhen, das Welten-Wesens-Licht, erleuchtet und zu einem Handeln aus Erkenntnis, also zum freien Wollen befähigt. So führt die dritte Stufe vom Gottes-Ich über das Welten-Ich zum Menschen-Ich. In vielen Bildern werden Engel und Erzengel, also Wesen der dritten Hierarchie, als «Gedankenboten» dargestellt. Biblischen Schilderungen wie die Verkündigung, oder die Engelnähe des Joseph weisen auf diese inspirierende Wirksamkeit. Vor wichtigen Entscheidungen des Lebens können Engel befragt und um die rechte Inspiration und Wirksamkeit gebeten werden, so beschrieb es Rudolf Steiner: «... und wenn der Mensch irgendetwas tut, so soll er an seinen Angelos denken, etwa so: ‹Mein schützender Geist empfange dasjenige, was meine Tat ist, als eine Wurzel und bringe Früchte daraus hervor.› Je bildlicher, je anschaulicher also anknüpft ein Mensch eine solche Ansprache an seinen Angelos für Taten, die in der Zukunft Früchte tragen sollen, desto mehr wird von diesen Früchten in der Zukunft vorhanden sein.»[41] «Welten-Wesens-Licht» leuchtet dann im Denken und befähigt zu freiem Wollen.

Das geistige Wesen des Menschen kann sich in dieser dreifachen Weise mit der Wesenswelt verbinden, in tiefem Vertrauen auf göttliches Walten, «in allem was ist»[42], in ihrem Werden und den Zukunftszielen der göttlichen Wesen, die durch das freie menschliche Wollen zu Menschenzielen werden.

V.4 Die Wahrheit des eigenen Wesens entwickeln

Mit der vierten Stufe verwandeln sich die Seelenkräfte des Menschen zum wahrhaften Leben, Fühlen und Denken. Diese gehören nicht mehr dem gewöhnlichen, privaten Menschen an, sondern verbinden sich mit dem Makrokosmos.

> Und du wirst *wahrhaft leben*
> Im Menschen-Welten-Wesen.
>
> Und du wirst *wahrhaft fühlen*
> Im Menschen-Seelen-Wirken.
>
> Und du wirst *wahrhaft denken*
> In Menschen-Geistes-Gründen.

Im wahrhaften Denken leuchtet das Licht der geistigen Welt, im wahrhaften Fühlen entwickelt sich die Liebe zu allem «was um mich ist»[43], für das Wollen wird das «wahrhaft leben» genannt. Dabei steht hier nicht – wie vielleicht zunächst erwartet – «wahrhaft wollen», sondern «wahrhaft leben». Das Wollen wird erst in der dritten Strophe im Zusammenhang mit dem wahrhaftigen Denken erwähnt.

Das Wollen des Menschen ergreift während des Wachens den Leib und kann sich zu einem freien Wollen entwickeln. In diesem Zusammenhang wird von einem «bewussten Wollen» gesprochen, da es in seine unterbewussten Tiefen die bewussten Gedanken und Zielsetzungen aufnimmt. Demgegenüber kennen wir das «unterbewusste» Wollen, das sich im Leben entfaltet, Menschen zu entscheidenden Lebensereignissen führt und wesentliche Lebensimpulse und Schicksalskräfte umfasst. Diese sind meistens nicht bewusst, sondern werden erst in der Rückschau erkennbar. Während sich das bewusste, freie Wollen auf Ziele richtet, die zu verwirklichen sind, also in der Zukunft liegen, ist das «unbewusste Wollen» mit der Vergangenheit verbunden. Lebensziele und Lebensimpulse werden oftmals früh in der Biografie spürbar, kommen also aus einer großen, vorgeburtlichen Vergangenheit. Ein Doppelstrom der Zeit findet sich somit im Wollen des Menschen: Zukunftsziele werden «erschaut» und dem Wollen für die zukünftige Tätigkeit zugrunde gelegt. Impulse aus der Vergangenheit, an die sich die Menschenseele «erinnern» soll, leben demgegenüber in «Seelentiefen». Die normale Lebensgestaltung vollzieht sich wie ein großer Strom, ohne dass die im Rückblick erkennbare Weisheit seiner Komposition schon bewusst wäre. Es ist ein Werdestrom des Lebens, der noch wie unterbewusst wirkt. Nun soll es zum Erwachen kommen, also nicht zum «schlafbewussten» Leben, sondern zum «wahrhaft leben». Hierzu braucht es ein Erinnern, das sich auf die geistigen Impulse des Lebens bezieht, also auf die vorgeburtlichen Schicksalsperspektiven. Es ist damit nicht ein gewöhnliches Erinnern gemeint, in welchem Alltagsereignisse aus Seelentiefen wieder in das Innere geführt, also «er-innert» werden, sondern nun handelt es sich um das «Geist-Erinnern». Es führt zu den Lebens- und Schicksalsgesetzmäßigkeiten und letztlich zu deren Schöpferwesen, die in der Grundstein-Meditation als die Kräftegeister, also die Wesen der ersten Hierarchie, angesprochen werden.

Im wahrhaften «leben» wird der Mensch immer mehr Mitgestalter, Mitschöpfer und verbunden mit dem Weltenwesen, das dann als «Menschen-Welten-Wesen» bezeichnet wird. Damit weist die Grundstein-Meditation am Ende ihrer jeweils ersten Strophen auf das Leben, die

Liebe im «wahrhaft fühlen» und das Licht im «wahrhaft denken» als die kosmischen Urquellen des Menschen in seiner Dreigliederung des Leibes und Entfaltung der Seelenkräfte.

Es verbinden sich die verwandelten, wahrhaft gewordenen Seelenfähigkeiten mit der geistigen Welt. Der Mensch wird «wahrhaft leben, im Menschen-Welten-Wesen». Es ist das Gottes-Ich, das die Welt erschafft, in dem der Mensch dann in Wahrheit lebt und sich im Willen mit den wirkenden Schöpfermächten der ersten Hierarchie verbindet.

Durch das Sich-Vereinen mit dem Welten-Ich entwickelt sich das wahre Fühlen, das den Menschen mit der Seele der Welt und ihrem Wirken verbindet. Dies geschieht durch die Kraft der Liebe. Diese enthält immer ein Werden, ist nie «fertig» und gewordene «Liebe», sondern mit den schöpferischen Werde-Taten der Welt verbunden. Liebe ist ihrem eigenen Wesen nach unerschöpflich, sie kann sogar wachsen, wenn wir sie verschenken.

Wenn sich das Denken erfüllt mit dem Licht wahrer Gedanken, mit dem Welten-Wesens-Licht, das in der Erkenntnis aufleuchtet und den Menschen zu einem selbstbestimmten und damit freien Wollen befähigt, kommt es zum «wahren Denken» in den Menschen-Geistes-Gründen. Es sind die Ewigkeitsgründe, aus denen sich die Welt gestaltet und die sich dem Denken als die allem Seienden zugrundeliegenden Weltgedanken erschließen.

Damit verbindet sich das Wesen des Menschen wie in Kommunion mit dem Wesen der Welt. Über vier Stufen führt also der Weg vom dreigliedrigen Menschenleib, dem Mikrokosmos, bis zum Makrokosmos; von der Welt, in der der Mensch ein Zuschauer, ein Fremdling ist, zum Verbinden mit ihrem Wesensgrund.

Menschenseele!

I Das Leben der Seele im dreigliedrigen Organismus

II Die Verwandlung der Seele: Drei Übungen

III Das Verbinden des Ichs mit der Geisteswelt

IV Die Entwicklung zum wahren, mit der geistigen Welt verbundenen Ich

Diese vier Stufen beginnen bei der Beschreibung der Leibeswirksamkeit der Menschenseele (I). Dann werden die Übungsaufgaben dem Menschen zugerufen (II), die vieles aus dem alltäglichen Seelenleben verwandeln und opfern. Als dritte Stufe erscheint die Beziehung des Menschen zum Makrokosmos: die zum gewöhnlichen Seelenleben gehörenden Kräfte werden verwandelt und entwickeln sich ihrer geistigen Heimat entgegen (III). Schließlich folgt die Kommunion durch die Verbindung der wahrhaften Seelenkräfte mit dem geistigen Grund der Welt (IV).

VI Vier Stufen vom Makrokosmos zum Mikrokosmos

In dem zweiten Abschnitt der drei Hauptstrophen führt der Weg zurück. Auch hier finden sich vier Stufen, die mit denjenigen des «aufsteigenden Weges» – wie wir sehen werden – in Beziehung stehen. Jeder zweite Abschnitt der Hauptstrophen beginnt mit dem Wort «Denn». Es kann im Sinne von «weil» verstanden werden und weist auf diesen Zusammenhang des aufsteigenden Weges mit dem absteigenden: Leben und Entwicklung der Seele im dreigliedrigen Menschen werden getragen von der Geistes- und Gotteswelt in ihrem trinitarischen Wirken. Nach diesem verknüpfenden «Denn» steht das Walten der göttlichen Trinität am Anfang.

VI.1 Das Walten der Trinität

> Denn es waltet der Vater-Geist der Höhen
> In den Weltentiefen Sein-erzeugend:
>
> Denn es waltet der Christus-Wille im Umkreis
> In den Weltenrhythmen Seelen-begnadend.
>
> Denn es walten des Geistes Weltgedanken
> Im Weltenwesen Licht-erflehend.

Wenn wir die Schönheit der Natur mit den Sinnen wahrnehmen, begegnen wir der geschaffenen Welt. Sie wird ständig gebildet und erhalten durch Kräfte, die sie hervorbringen und zur sinnlichen Erscheinung führen. Das Aufkeimen der Natur im Frühjahr, das Werden einer Pflanze weisen auf diese schaffenden Lebenskräfte, die werdend, also im Zeitenstrom, die räumliche Erscheinung entwickeln. In diesen Kräften waltet eine umfassende Weisheit, Gedanken, die unserer Welt zugrunde liegen. Sie bestimmen nicht nur das Einzelne in den Naturerscheinungen, sondern entwickeln es aus einem umfassenden geistigen Zusammenhang. Alles steht mit allem in Verbindung, ist nicht isoliert, sondern entspringt dem Lebensgewebe dieser Schöpfungsgedanken. Vereinzelung führt in die Desintegration, Werden bedeutet demgegenüber Integration in den Weltzusammenhang. Weltgedanken und Sinnzusammenhänge in der Erscheinungswelt verweisen auf ihren Schöpfer, ihren «Weltbaumeister»[44], wie es Christian Morgenstern nannte. Es walten Gottesmächte, das Weltenwort, in den Tiefen Seinerzeugend. Aus dem Weltenwort bildet sich das Geschaffene. In Goethes Faust wird dieser Schöpfungsvorgang in den Übersetzungsversuchen des Johannes-Evangeliums beschrieben:

Geschrieben steht: «Im Anfang war das Wort!»
Hier stock ich schon! Wer hilft mir weiter fort?
Ich kann das Wort so hoch unmöglich schätzen,
Ich muß es anders übersetzen,
Wenn ich vom Geiste recht erleuchtet bin.
Geschrieben steht: Im Anfang war der Sinn.
Bedenke wohl die erste Zeile,
Daß deine Feder sich nicht übereile!
Ist es der Sinn, der alles wirkt und schafft?
Es sollte stehn: Im Anfang war die Kraft!
Doch, auch indem ich dieses niederschreibe,
Schon warnt mich was, daß ich dabei nicht bleibe.
Mir hilft der Geist! Auf einmal seh ich Rat
Und schreib' getrost: Im Anfang war die Tat!

Es ist der Abstieg vom Wort über den Sinn, dann die Kraft bis zur Welt des Geschaffenen, die Tat.

Die Sonne offenbart in ihrem Licht die Weisheit der Welt, die in den Sinneswahrnehmungen erkennbar wird. Sie entwickelt Wärme und die mit dieser verwandte Liebe als schöpferisches Prinzip. Schließlich wirkt die Sonne in die Lebensprozesse (wie der Pflanzen) hinein. Entsprechend umfassen die Strahlen der Christus-Sonne Licht, Liebe und Leben, begnaden die Seele des Menschen und wirken dadurch in seinem Schicksal. Wir brauchen Lichtkräfte für das Denken und seinen Weg zu

Wahrheit und Erkenntnis, Liebekräfte zu «allem was um mich ist»[45] und Lebenskräfte für den Willen, die praktische Wirksamkeit in der Biografie. Diese drei Qualitäten umfassen die Dreigliederung des Menschen und wirken seelisch in seinem Denken, Fühlen und Wollen. Die Seele des Menschen wird durch das Aufleuchten von Licht, durch die Entfaltung von Seelenwärme in der menschlichen Beziehung und durch die Wirkenskraft im Wollen von dem Christus-Willen im Umkreis beschenkt, «begnadet».

In Denken, Fühlen und Wollen lebt unbemerkt ein seelisches Atmen und damit eine rhythmische Qualität: Wir atmen neue Gedanken in der gedanklichen Inspiration ein, wir nehmen das Schöne in unser Fühlen auf und setzen dem Wollen geistige Ziele. Dreimal erfolgt ein Einatmen, dem sich ein Ausatmen in den nach außen gerichteten Seelenregungen anschließt. Rhythmen der leiblichen Organisation, Rhythmen der Seele des Menschen sind mit den Weltenrhythmen verbunden. In ihnen wirkt der Christus-Wille, seelen-begnadend.

Die Weltgedanken des Geistes, die göttliche Weisheit, die allem Erschaffenen zugrunde liegt, warten auf das Erkennen durch den Menschen. Seine Erkenntnistätigkeit hat nicht nur eine persönliche, erhellende Bedeutung und klärt nicht nur den einzelnen Menschen über die Weltzusammenhänge auf, sondern ist bedeutsam für die ganze Welt. Wie wir über die Welt denken, wird ihr Schicksal. Der Mensch leistet durch sein Erkennen, das von den sonst verborgenen Weltgedanken erfleht wird, einen Beitrag zum Entwicklungsgang der Welt. Wenn wir einen anderen Menschen verstehen, empfängt er neue Kräfte für sein Tun. Wenn wir ihn «übersehen» oder falsch verstehen, entsteht eine lähmende Wirksamkeit. Entwickelt ein geistgemäßes Verstehen der Welt und ihrer Wesen eine ähnliche Kraft und ist deswegen für deren Entwicklung von entscheidender, «lichterflehend(er)» Bedeutung?

VI.2 Das Wirken der Hierarchien

Der ersten Stufe der Meditation, die sich dem Walten der Trinität zuwendet, schließt sich ihre zweite an. Sie weist auf die Tätigkeit der Hierarchien:

Seraphim, Cherubim, Throne,
Lasset aus den Höhen erklingen,
Was in den Tiefen das Echo findet;

Kyriotetes, Dynamis, Exusiai,
Lasset vom Osten befeuern,
Was durch den Westen sich formet;

Archai, Archangeloi, Angeloi,
Lasset aus den Tiefen erbitten,
Was in den Höhen erhöret wird;

Die Wesen der ersten Hierarchie wirken als Schöpfermächte, als «Kräfte-Geister» Sein-erzeugend in den Weltentiefen, dienen dem Walten der Gotteswelt. Alanus ab Insulis beschreibt die höheren Hierarchien als zukünftige Entwicklungsstufen des Menschen.[46] Wenn dieser sich ihnen entgegen entwickeln kann, so sind kleine Keime späterer Stufen auch schon in der Gegenwart zu entdecken:

«Wir gewinnen höchstens einen Vergleich für die Eigenschaften jener Wesenheiten, zu denen wir uns dann als den Wesenheiten der zweiten Kategorie der ersten Hierarchie aufschwingen, wir gewinnen eine Möglichkeit, sie zu charakterisieren, wenn wir so recht auf unser Gemüt dasjenige wirken lassen, wozu es ernste, würdige Menschen gebracht haben, welche viele Schritte ihres Lebens dazu verwendet haben, Weisheit in sich anzusammeln, welche nach vielen Jahren reichen Erlebens so viel Weisheit angesammelt haben, daß wir uns sagen: Wenn solche Menschen ein Urteil aussprechen, so spricht nicht ein persönlicher Wille zu uns, sondern es spricht das Leben zu uns, das durch Jahre, durch Jahrzehnte in diesen Menschen sich angehäuft hat und durch das sie in einer gewissen Weise unpersönlich geworden sind. Menschen, welche auf uns einen solchen Eindruck machen, daß ihre Weisheit unpersönlich wirkt, daß ihre Weisheit wie die Blüte und Frucht eines reifen Lebens erscheint, die rufen in uns ein wenn auch nur ahnendes Empfinden von dem hervor, was aus unserer geistigen, aus unserer spirituellen Umgebung auf uns wirkt, wenn wir zu dieser Stufe des Hellsehens emporrücken, von der hier jetzt die Rede sein muß. Man nennt diese Kategorie in der abendländischen Esoterik die Cherubim. Es ist außerordentlich schwierig, die Wesenheiten dieser höheren Kategorien zu charakterisieren, denn je weiter wir hinaufsteigen, desto unmöglicher wird es, Eigenschaften des gewöhnlichen Lebens heranzuziehen, um eine Charakteristik von der Höhe und Größe und Erhabenheit der Wesenheiten dieser Hierarchien zu erwecken. Die Geister des Willens, die niederste Kategorie also der ersten Hierarchie, sie können wir noch dadurch charakterisieren, daß wir sagen, wir machen uns klar, was Wille ist, denn Wille ist die niederste Substanz, aus der sie bestehen. Aber es würde unmöglich sein, wenn wir nur auf den Willen, wie er uns beim Menschen oder bei den Tieren im normalen Leben entgegentritt, wenn wir nur auf die gewöhnlichen Gefühle und Gedanken des Menschen sehen würden, es würde unmöglich sein mit dem, was dem gewöhnlichen menschlichen Denken, Fühlen und Wollen entnommen ist, die Wesenheiten der zweiten Kategorie der ersten Hierarchie zu charakterisieren. Da müssen wir schon zu besonderen Menschen des Lebens gehen, die eben in der charakterisierten Weise überwältigende Macht der Weisheit in ihrer Seele aufgehäuft haben. Wenn wir diese Weisheit fühlen, dann fühlen wir ähnlich, wie der Okkultist fühlt, wenn er den Wesenheiten, die wir Cherubim nennen, gegenübersteht. Solche Weisheit, die nun nicht gesammelt ist in Jahrzehnten, wie die Weisheit hervorragender Menschen, sondern solche Weisheit, die in Jahrtausenden, in Jahrmillionen des Weltenwerdens gesammelt ist, die strömt uns entgegen in erhabener Macht aus den Wesenheiten, die wir Cherubim nennen. Und noch schwieriger sind zu charakterisieren diejenigen Wesenheiten, die nun die erste, die höchste Kategorie der ersten Hierarchie ausmachen und die man Seraphim nennt. Es würde nur möglich sein, sich eine Vorstellung von dem Eindruck, von der Impression, welche die Seraphim auf den okkulten Blick machen, zu verschaffen, wenn wir etwa folgenden Vergleich aus dem Leben nehmen. Wir setzen den Vergleich fort, den wir eben gebraucht haben. Wir betrachten einen Menschen, der durch Jahrzehnte Erlebnisse aufgehäuft hat, die ihn zu überwältigender Weisheit gebracht haben, und wir stellen uns vor, daß ein solcher weiser Mensch, aus dem unpersönlichste Lebensweisheit spricht, aus seiner unpersönlichsten Lebensweisheit heraus wie mit innerem Feuer sein ganzes Wesen derart durchdringt, daß er uns nichts zu sagen braucht, sondern sich nur vor uns hinzustellen braucht und das, was Jahrzehnte ihm an Lebensweisheit gegeben haben, in seinen Blick hineinlegt, so daß der Blick uns erzählen kann Leiden und Erfahrungen von Jahrzehnten und wir aus dem Blicke einen

Eindruck davon haben können, daß dieser Blick spricht wie die Welt selber, die wir erleben. Wenn wir uns einen solchen Blick vorstellen, oder wenn wir uns vorstellen, daß ein solcher weiser Mensch dahin gekommen ist, uns nicht nur Worte zu sagen, sondern in dem Klang und in der eigentümlichen Färbung seiner Worte den Abdruck zu geben von reichen Lebenserfahrungen, so daß wir etwas wie einen Unterton hören in dem, was er sagt, weil er es mit einem gewissen Wie ausstattet und wir aus diesem Wie eine Welt von Lebenserfahrungen vernehmen, dann bekommen wir wiederum ein Gefühl, wie es der Okkultist hat, wenn er zu den Seraphim aufsteigt. Wie ein Blick, der am Leben herangereift ist und aus dem Jahrzehnte von Erfahrungen sprechen, oder wie ein Satz, der so ausgesprochen wird, daß wir nicht bloß seine Gedanken hören, sondern daß wir hören: der Satz ist, indem er mit solchem Klange ausgesprochen wird, in Schmerzen und in Erfahrungen des Lebens errungen, er ist keine Theorie, er ist erkämpft, er ist erlitten, er ist durch Lebensschlachten und Siege in das Herz gegangen wenn wir all das durch einen Unterton hören, dann bekommen wir einen Begriff von der Impression, welche der geschulte Okkultist hat, wenn er sich aufschwingt zu den Wesenheiten, die wir Seraphim nennen.»[47]

Demgegenüber wirken die Geister der dritten Hierarchie aus den Tiefen. Sie sind der Seele des Menschen nahe, werden deswegen auch als die «Seelen-Geister» bezeichnet und leben in der Sorge um die Seelenfähigkeiten des Menschen. Diese haben sich mit dem Erwachen des Menschen für die Erdenwelt verdunkelt. Das geistige Licht in der Seele des Menschen wird mehr und mehr von dem äußeren Licht überstrahlt und in die gewohnte Intellektualität des Alltagsbewusstseins überführt. Das in der Kindheit noch schöpferische Denken verliert an Kraft, im Fühlen entsteht oftmals eine Leere mit «Animationsbedürfnis», der Wille verliert an Schöpfungskraft in der rollenhaften Routine des Alltags. Die Seelen-Geister lassen aus den Tiefen erbitten, was aus den Höhen als heilende Kräfte der Menschenseele zukommen kann. Die Sorge der Engel wird von Christian Morgenstern ausgedrückt:

> O wüßtest du, wie sehr dein Antlitz sich
> Verändert, wenn du mitten in dem Blick,
> Dem stillen reinen, der dich mir vereint,
> Dich innerlich verlierst und von mir kehrst!
> Wie eine Landschaft, die noch eben hell,
> Bewölkt es sich und schließt mich von dir aus.
> Dann warte ich. Dann warte schweigend ich
> Oft lange. Und wär ich ein Mensch wie du,
> Mich tötete verschmähter Liebe Pein.
> So aber gab unendliche Geduld
> Der Vater mir und unerschütterlich
> Erwarte ich dich, wann du immer kommst.
> Und diesen sanften Vorwurf selber nimm
> Als Vorwurf nicht, als keusche Botschaft nur.

Das Wirken der zweiten Hierarchie ist mit dem Wesen der Sonne verbunden und steht durch ihren täglichen Gang mit den Kräften des Ostens und des Westens in Zusammenhang. Die Meditation «Weisheit lebt im Licht» weist auf die Weisheitskräfte im Sonnenlicht. «In Gedanken der Natur innewerden zu können, zeigt, dass sie selber Gedanken-gebildet ist. Das ist in der Tat die Eigenschaft des Äthergebietes der Welt, dass es der Träger schaffender Gedankentätigkeit ist, so draußen in der Welt, wie im eigenen Ätherleibe.»[48] Das Denken findet die Weltgedanken, die im Licht der Sonne «sichtbar» werden.

Das Sonnenlicht ist dabei in rhythmischer Bewegung und bestimmt die circadianen Rhythmen der Lebewesen. Schließlich ist das Sonnenlicht mit den formenden Kräften verbunden. Goethe (1749–1832) beschrieb eindrucksvoll die gestaltende Kraft des Lichts: «Wie nun die Blätter hauptsächlich ihre erste Nahrung den mehr oder weniger modifizierten wässerichten Teilen zu verdanken haben, welche sie dem Stamme entziehen, so sind sie ihre größere Ausbildung und Verfeinerung dem Lichte und der Luft schuldig ... so zeigen sich uns die Blätter der Pflanzen, die unter dem Wasser wachsen, gröber organisiert als andere, der freien Luft ausgesetzte.»[49] Das Licht trägt Form und Gestaltung in das Lebendige. Schon die «feinere» Ausgestaltung der Pflanzen an lichtreichen Standorten gegenüber ihrem Wachsen im Schatten illustriert diesen Zusammenhang. «In der Tat sind alle Formen der Natur – einschließlich derjenigen des Kristallreiches – lichtgewoben», formulierte es Ernst Lehrs (1894–1979).[50] Damit sind Form, Bewegung und Weisheit, auch die entsprechenden Wesen der zweiten Hierarchie mit der Sonne verbunden und werden in der Grundstein-Meditation als «Lichtes-Geister» angesprochen.

Die Sonnenkraft am Morgen hat dabei eine ganz andere Qualität als das abendliche Sonnenlicht. Die Morgensonne befeuert zum Tun, gibt neue Hoffnung und schenkt Kräfte für den Tag. Sie stammen aus der Nacht und führen die tieferen Entschlüsse des Menschen, die seinem wahren, geistigen Wesen entstammen, als Stimmungen, vielleicht auch neue Ideen und Vorhaben, in den Tag. «Der Morgen ist weiser als der Abend», wird es sprichwörtlich formuliert. Mit dem Morgen sind die Geburts- und Werdekräfte verbunden, die zum Tagesleben befeuern. Die Abendsonne beleuchtet demgegenüber das Gewordene, führt zur Abendruhe, zur Besinnlichkeit.

Nun ist nichts mehr zu verändern, der Tag wurde gelebt, gestaltet. Mit dem Morgenlicht wird das Leben impulsiert, mit dem Abendlicht das Gewordene, «Gestaltete» angeschaut und vielleicht in seinem Sinn verstanden.

Damit entwickelt sich im hierarchischen Wirken aus den Höhen, Tiefen und der Ost-West-Achse das bereits erwähnte Weltenkreuz. Der Mensch ist – wie es Friedrich Schiller beschreibt – mit seinem Wesen in diese großen Achsen der Welt gestellt:

> Wo du auch wandelst im Raum, es knüpft dein Zenith
> und Nadir
> An den Himmel dich an, dich an die Achse der Welt.
> Wie du auch handelst in dir, es berühre den Himmel
> der Wille,
> Durch die Achse der Welt gehe die Richtung der Tat.[51]

VI.3 Die Rosenkreuzer-Worte

Das hierarchische Wirken vermittelt das Ertönen der Worte, die das Werden und die Entwicklung des Menschen beschreiben und als die Rosenkreuzer-Worte in lateinischer Sprache bekannt sind. Es ist die dritte Stufe auf dem meditativen Weg:

> Dieses spricht:
> Ex Deo nascimur
>
> Dieses spricht:
> In Christo morimur.
>
> Dieses spricht:
> Per spiritum sanctum reviviscimus

Diese Worte erklingen in der ätherischen Welt, werden von deren Wesen, den Elementarwesen, gehört. Menschen mögen für diese Worte erwachen, sie hören lernen.

Ex Deo nascimur

Das erste Rosenkreuzer-Wort «Ex Deo nascimur» wird mit «Aus dem Göttlichen weset die Menschheit» übersetzt. Wenn wir einem neugeborenen Kind begegnen und auf das Wunder der Leibwerdung des Menschen schauen, so wird diese Herkunft des Menschen aus dem Göttlichen unmittelbar empfunden. Wir bestaunen den Leib, der sich in 9 Monaten bildet, erleben die Atmosphäre, die sich um das Neugeborene ausbreitet, und erahnen manchmal etwas von dem ankommenden Wesen. Ehrfurcht entwickelt sich im Zusammenhang mit der Geburt. In der Embryologie ist dieser Inkarnationsweg unmittelbar anschaubar: Zu Beginn werden vor allem die Hüllen des späteren Embryos als Instrument der noch peripher wirksamen vier Wesensglieder des Menschen angelegt. Erst nachfolgend kommt es zur Ausbildung der leiblichen Anlage und zu den embryonalen Einstülpungen, Gastrulationen, die – aus der Peripherie kommend – den werdenden Leib des Menschen entstehen lassen. Der Mensch kommt aus dem mütterlichen Umkreis, um immer mehr ein eigenes Wesen zu werden.

Jeder Mensch trägt in seinem Wesen einen göttlichen Funken, der in seinem Leibestempel lebt. Dieser Leib «ist Gottes» beschreibt es Rudolf Steiner für die jungen Mediziner 1924.[52] Aber auch das alltägliche Leben der Seele macht auf diese göttliche Herkunft des Menschen aufmerksam: Die Schicksalswege unseres Lebens offenbaren eine tiefere Weisheit, die den Lebensschritten zugrunde liegt und mit dem Willen verbunden ist.

Ähnliches lässt sich auch für das Fühlen bemerken. Wenn wir morgens erwachen, so klingt manchmal eine Stimmung aus der Nacht nach. Sie weist auf das Leben vor dem Erwachen und trägt in sich wie einen Nachklang der nächtlichen Erfahrungen. Ebenso gibt es tragende Lebensstimmungen, die sich manchmal schon früh zeigen und mit den Werten, Idealen des Lebens in Beziehung stehen. Diese kommen nun nicht aus der dem Tag vorangehenden Nacht, sondern aus der dem Erdenleben vorangehenden Vorgeburtlichkeit.

Auch im Denken findet sich eine tiefere Dimension, die über die Schwelle des alltäglichen Bewusstseins hinausführt: Gute Gedanken kommen oftmals am Morgen, also aus der Nacht. Manche Menschen beschreiben, wie sie in seltenen Augenblicken die Lebendigkeit und Schnelligkeit des Denkens vor dem eigentlichen Erwachen erleben und dann die «Engigkeit» des alltäglichen Bewusstseins empfinden. Ähnliche Erlebnisse werden im Zusammenhang mit Nahtoderfahrungen beschrieben. Damit liegt der Gedankenwelt eine tiefere Welt des lebendigen Denkens zugrunde, die nicht in das Alltagsbewusstsein eintritt, sondern sich wie «vor» dem Bewusstsein mit seiner Gedanken- und Vorstellungswelt befindet. Der Mensch ist in diesem Sinne auch seiner Seele nach aus einer geistigen Welt geboren und kann auf diese göttlichen Untergründe in «Seelentiefen» aufmerksam werden: «Mit all dem, was ich weiß, mit all dem, was im Wahrnehmen, Denken, Fühlen und Wollen meiner Seele zugänglich ist, bin ich herausgeboren aus einem tieferen Seelischen, aus jenem Seelischen in mir, das noch bei dem Göttlichen ist, das im Zeitenstrom dahinfließt, aber mit dem Göttlichen dahinfließt. ... Denn wir gewahren, daß diese Seele mit dem, was sie von sich selber wissen kann, in jedem Zeitpunkt aus dem Göttlichen heraus geboren wird, so daß wir in jedem Zeitpunkt unser tiefstes Inneres erfüllen dürfen mit diesem: Aus dem Gott sind wir geboren. Ex deo nascimur.»[53]

In Christo morimur

Das zweite Rosenkreuzer-Wort «In Christo morimur» wird mit «In dem Christus wird Leben der Tod» übersetzt. Der Ankunft in der Raumeswelt durch das Ex Deo nascimur folgt nun der Weg durch die Zeit bis hin zur Schwelle des Todes. Im Todesaugenblick verlässt der Mensch spiegelbildlich zur embryonalen Entwicklung seinen Leib und wird wieder zu einem «Umkreiswesen». Während die embryonale Leibbildung sich wie im Schlaf vollzieht und mit den aufbauenden Lebensprozessen verbunden ist, begegnet der Mensch mit dem Tode dem Licht der Geisteswelt und seinem wahren Ich-Wesen.

Im Begleiten des sterbenden Menschen erfahren wir manchmal etwas von diesem Licht, das dem Sterbenden entgegenleuchtet und in vielen Nahtoderfahrungen beschrieben wird. Es ist ein lebendes Licht, das sich aus dem Schatten des Todes entwickelt und dem Menschen als warmes, licht- und liebevolles Leben entgegen scheint. In der Liebe des Christus wird der Tod zu neuem Leben. Im Sterben des Stoffes vollzieht sich die geistige Geburt. Das alltägliche Bewusstsein zeigt ständig Sterbeprozesse: Das lebendige, schöpferische Denken, wie es Kinder noch zeigen, erstirbt in der informativen Gedankenwelt des Erwachsenen; auch die Sinneswahrnehmungen werden abgeschattet, welche an sich ein viel intensiveres Leben haben: «Welch Getöse bringt das Licht» wird diese elementare Sinneserfahrung von Goethe beschrieben.[54] Aus dem Lebendigen sind die Schemen und Schatten der alltäglichen Sinnes- und Gedankenwelt geworden. Das Beleben der Schatten und Schemen unseres Bewusstseins ist mit der Christus-Wirksamkeit verbunden: «wir senden da hinunter in die unterbewussten Gründe das, was in uns erstirbt. Aber aufgenommen wird es, dieses Sterben, das wir in unsere eigene Wesenheit immer mehr und mehr hineinsenken, aufgenommen wird es von dem uns entgegenlebenden Christus. ... In den Christus hinein senken wir das Sterben, das vorhanden ist mit jeder Wahrnehmung. Und wir senken in die Christus-Wesenheit hinein die Abdunkelung im Denken. In das Licht, in das geistige Sonnenlicht des Christus senden wir unsere abgedunkelten Gedanken hinein. Und wenn wir durch die Pforte des Todes schreiten, dann tauchen ein unsere ungeborenen Gefühle und unser ungeborenes Wollen in die Christus-Substanz. Verstehen wir die Entwickelung recht, so sagen wir zu dieser Entwickelung: Wir sterben in den Christus hinein. In Christo morimur.»[55]

Per spiritum sanctum reviviscimus

Das dritte Rosenkreuzer-Wort «Per spiritum sanctum reviviscimus» wird mit «In des Geistes Weltgedanken erwachet die Seele» übersetzt. Im Leben vergessen wir mehr und mehr den geistigen Ursprung und erwachen für die Alltäglichkeiten unseres Daseins. Das Licht des Alltags macht eben nicht nur sichtbar, sondern vieles auch unsichtbar. So erhellt das Sonnenlicht den Tag und macht gleichzeitig die Welt der Sterne unsichtbar. Eine tiefe Sehnsucht führt den Menschen zu Entwicklungen, um das eigene geistige Wesen immer mehr zu erkennen und die Seele zum Erwachen für den Wesensgrund unseres Daseins zu führen. In Sinnfragen der Biografie, in den Ereignissen und Bewegungen in unserem Leben wird oftmals eine Ratlosigkeit und Finsternis erlebt. Dann entsteht diese Frage nach dem eigentlichen Wesen, die Sehnsucht, «in des Geistes Weltgedanken» als Seele zu erwachen und aus der Finsternis zu einem neuen Licht, neuen Perspektiven und Zielen zu kommen. «Auch im physischen Leib wird das Beste der Seele, das, was den Ausblick gibt in die geistigen Welten, durch den Heiligen Geist immer mehr und mehr auferweckt werden. … Schlafen würden die Menschen immer durch die bloße Sinnesanschauung und durch den an das Gehirn gebundenen Verstand. Aber hineinleuchten in diesen Menschenschlaf, der sonst die Menschheit gegen die Zukunft hin immer mehr umdüsternd überkommen würde, hineinleuchten in diesen Schlaf wird der Geist im Menschen auch während des physischen Daseins. Mitten in dem absterbenden geistigen Leben, mitten in dem durch die bloße Sinnesanschauung, durch die Verstandeswelt absterbenden Geistesleben auf dem physischen Plan werden die Menschenseelen auferweckt werden auch im physischen Dasein durch den Heiligen Geist. Per spiritum sanctum reviviscimus.»[56]

VI.4 Menschen mögen es hören

Insofern tönen mit den drei Rosenkreuzer-Worten das Werden des Menschen, sein Stehen an der Schwelle und die Zukunftsperspektive, sich immer mehr zu einem wahren Menschen zu entwickeln, durch die Welt. Die geistigen Hierarchien sprechen darinnen ihr Wirken, aber auch ihre Hoffnung aus. Denn der werdende Mensch ist ein durch die Hierarchien geistig «Erwarteter», ist dasjenige, an das die Hierarchien «glauben», ist «Götterreligion».[57] Die elementarische Welt und ihre Wesen können diese Worte hören, Menschen mögen sie hören lernen. Die Rosenkreuzer-Worte umfassen das große christliche Mysterium von Geburt, Tod und Auferstehung[58], tönen zu den Menschen und werden zum «Urgebet der Menschheit»[59].

Damit sind es vier Stufen im jeweils zweiten Abschnitt der drei Hauptstrophen der Grundstein-Meditation. Sie beginnen beim Walten der göttlichen Trinität, führen über die Wirksamkeit der Hierarchien zu den Rosenkreuzer-Worten, die von den Elementargeistern schon gehört werden und von Menschen gehört werden mögen:

I Das Walten der göttlichen Trinität

II Das Wirken der Hierarchien der Geisteswelt

III Die Rosenkreuzer-Worte

IV Die Wesen in der elementarisch-ätherischen Welt
hören die Worte
Menschen mögen es hören.

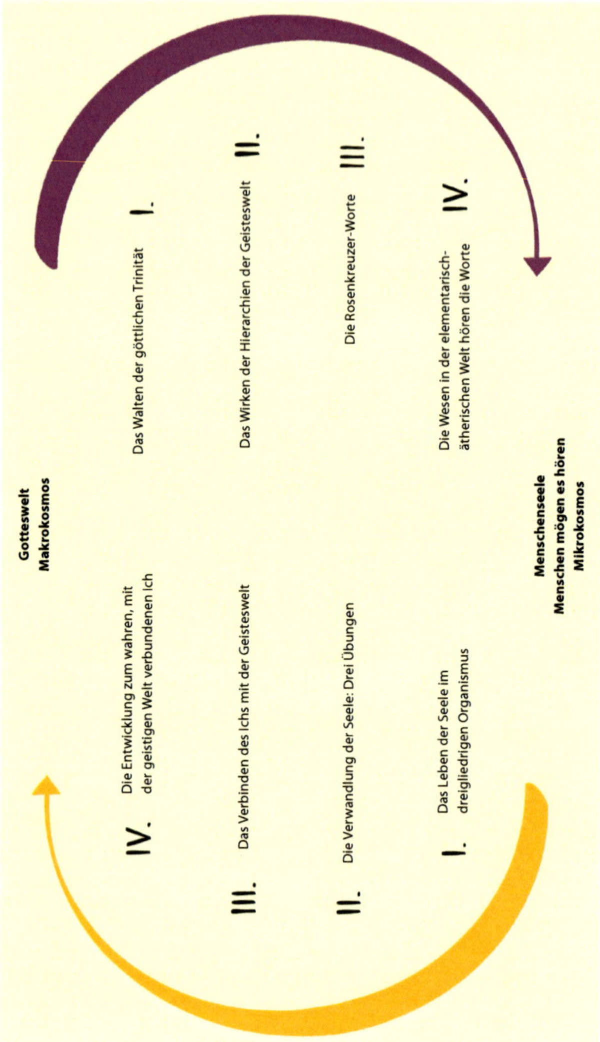

Abb.: Vier Stufen in den auf- und absteigenden Strophen der Grundstein-Meditation

VII Die Komposition der ersten drei Strophen

Jede dieser Entwicklungsstrophen führt in ihrem ersten Abschnitt aus der dreigliedrigen Körperlichkeit zum Makrokosmos und – im zweiten – vom Makrokosmos wiederum zurück zum Menschen («Menschen mögen es hören»). Am Beginn steht der Aufruf an die individuelle Menschenseele: «Menschenseele», am Ende des Weges steht wieder der Mensch: «Menschen» mögen es hören. Der erste Teil dieses Atmungsprozesses in den Hauptstrophen der Grundstein-Meditation umfasst die Entwicklung des Menschen, der zweite das Wirken der göttlichen Welt. Zu Beginn wird die individuelle Menschenseele angesprochen, am Ende, wenn sich der Bogen wiederum zum Menschen neigt, wird der Plural gewählt – eine Hinführung auf den dann anschließenden Schritt des menschlichen Zusammenwirkens in der abschließenden vierten Strophe. Sie steht nicht am Beginn der Meditation, sondern an ihrem Ende. Es kommt darauf an, dass sich zuerst die individuelle Menschenseele entwickelt und für die Gemeinschaftsbildung, also zum «Wir», befähigt:

> Dass gut werde
> Was wir aus Herzen
> Gründen
> Aus Häuptern zielvoll führen wollen.

Nun stehen die vier Stufen des «aufsteigenden» und des «absteigenden» Bogens miteinander in Zusammenhang. Ersterer bezieht sich zunächst auf die Menschenseele und möchte sie zur Verbindung mit der Geistes- und Gotteswelt führen. Der absteigende Bogen führt demgegenüber vom Walten der Trinität zum Wirken der Hierarchien, zu den in der Geistwelt erklingenden Rosenkreuzer-Worten, und schließlich über die Elementengeister zu den Menschen, die diese Worte hören mögen. Gotteswelt, Geisteswelt, ätherische Welt und Menschenwelt folgen aufeinander in den vom Makrokosmos zum Mikrokosmos absteigenden Meditationsstrophen. Der individuelle Entwicklungsweg des Menschen, wie er im aufsteigenden Bogen beschrieben wird, führt den Menschen diesen Bereichen entgegen, um sein Wesen mit ihnen zu vereinen und aus dem alltäglichen Ich die Wahrheit des eigenen Wesens zu erobern.

Individuelle Menschenseele und Gemeinschaft

Im Zentrum der Meditation steht der Anruf an die Seele des Menschen und damit die Aufforderung, zu einer wahren Selbsterkenntnis zu kommen. Diese bedeutet nicht nur, auf die eigenen Schwächen aufmerksam zu werden, sondern vor allem, einen Entwicklungsweg zu beginnen, der zum wahren Menschen führen möchte. Im alltäglichen Leben geht die Aufmerksamkeit zu den praktischen Aufgaben und Herausforderungen des Lebens. Hier entwickelt sich der Mensch im und mit dem Leben. Nun kann er diese Entwicklung bewusst beginnen und dem Anruf der Menschenseele folgen. Sie führt zur Verbindung mit dem anderen Menschen und damit zum gemeinschaftlichen Zusammenwirken. Soll sich eine Gemeinschaft nicht durch äußere Zusammenhänge finden, sondern innerlich bilden, so braucht es die Entwicklung des einzelnen Menschen, den Weg zur Selbsterkenntnis. «Menschen mögen es hören» steht dieser Aufforderung zur Selbsterkenntnis gegenüber, denn das «Wir» der Gemeinschaft braucht die Selbstentwicklung der einzelnen Menschenseele. Dann wird das Zusammenwirken geistigen Zielen folgen, Licht, Wärme und Wirkungskraft entfalten.

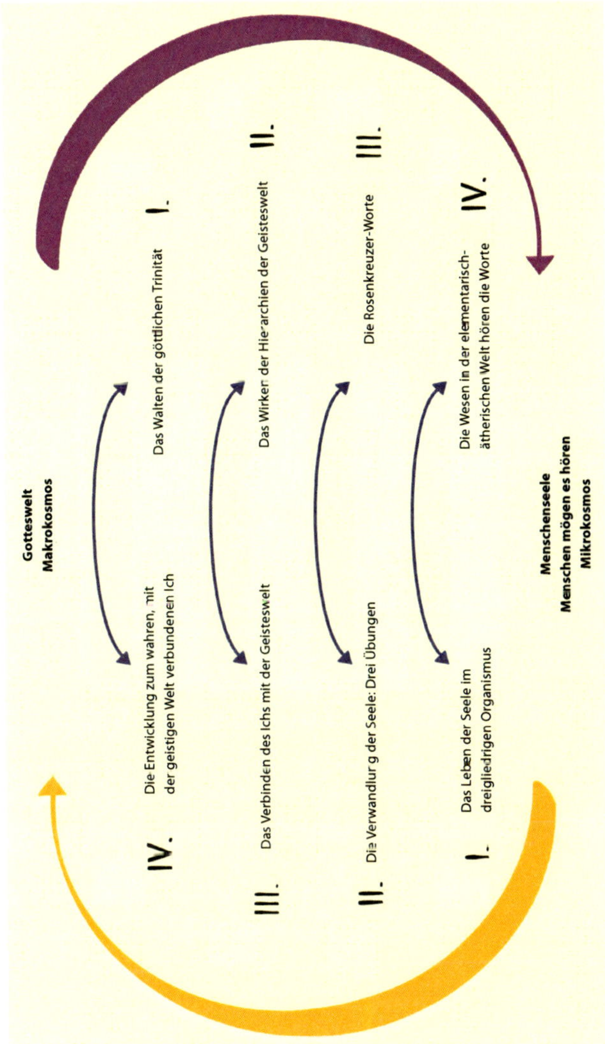

Abb.: Die Beziehungen zwischen dem ersten und zweiten Teil der Hauptstrophen

Die Seelenkräfte in ihrer Beziehung zu den Rosenkreuzer-Worten

Auch die zweite Stufe des aufsteigenden steht mit der entsprechenden des absteigenden Bogens in Beziehung. Denn die drei Seelenübungen für die Entwicklung des Willens, Fühlens und Denkens sollen den Menschen zum Hören der Rosenkreuzer-Worte befähigen, die den menschheitlichen Entwicklungsweg umfassen.

Im Geist-Erinnern wird die Aufmerksamkeit auf die Schöpfermächte des Schicksals, das Wirken der ersten Hierarchie gelenkt. Normalerweise entsteht an dieser Schwelle Furcht vor den Schöpfermächten. Aus diesem Grunde ist vor dem Gewahrwerden des Schicksals wie ein Vorhang gezogen, der den Einblick in die Schicksalsereignisse verhüllt. Dieser wird allerdings manchmal in Schicksalsahnungen etwas hinweggezogen. So wissen manche Patienten von einer kommenden Erkrankung und erleben sie dann nicht als «überraschend», sondern gelegentlich sogar als erwartet. Christian Morgenstern sprach von der Weisheit des Schicksals, der «Weisheit des höhern Ich»:

Du Weisheit meines höhern Ich,
die über mir den Fittich spreitet
und mich vom Anfang her geleitet,
wie es am besten war für mich, –

Wenn Unmut oft mich anfocht: nun –
es war der Unmut eines Knaben!
des Mannes reife Blicke haben
die Kraft, voll Dank auf Dir zu ruhn.[60]

Wird diese Weisheit nicht nur bestaunt, sondern entsteht ihr gegenüber die Frage nach ihrem Schöpfer, so richtet sich die Aufmerksamkeit zur Wirksamkeit der ersten Hierarchie. Das Geist-Erinnern lenkt den Blick auf das Göttliche, die Schaffensmächte des Schicksals und führt zu dem ersten Rosenkreuzer-Wort «Ex Deo nascimur», in der Übersetzung Rudolf Steiners: «Aus dem Göttlichen weset die Menschheit».

Im Geist-Besinnen entwickelt sich das Fühlen «und Du wirst wahrhaft fühlen» heißt das Entwicklungsziel. Das alltägliche Fühlen kennt die Gefahr des Ausbrennens, «burn out» und damit einer Leere und Kraftlosigkeit, die nicht mehr – im Bilde gesprochen – die Sonne in der Seele leuchten lässt. Das wahrhafte Fühlen ist mit der Entwicklung von Wärme verbunden, von Liebe «zu allem, was um mich ist» – wie es in einem Kindergebet Rudolf Steiners heißt.[61] In dieser Liebe kann sich der Mensch mit dem Welten-Ich, dem Christus, verbinden, der der «Lehrer der Menschenliebe» ist – so in der Kinderhandlung der Christengemeinschaft bezeichnet. Der Mensch kommt zu seinem eigentlichen Wesen, das gewohnte und alltäglich vertraute egozentrisch orientierte «Ich» wird verlassen, «stirbt». Das Geist-Besinnen steht mit dem Walten des Christus-Willen in Beziehung und führt zu dem «In Christo morimur», also: «In dem Christus wird Leben der Tod».

Im Geist-Erschauen sind viele Zweifel zu überwinden. Diese beziehen sich oftmals ganz grundsätzlich auf die Existenz der geistigen Welt und das Wirken der höheren Wesen. Auch der Mensch selber wird reduktionistisch verstanden und in einem biologistischen Menschenbild als seelen- und geistlos gedacht. Hier braucht es eine große Aktivität und ein Erkenntnisringen, um neue Perspektiven zu schaffen, um aus der Seelenfinsternis zum

Licht der Geisteswelt im Erkennen zu kommen. In ihm leuchten die Lichtgewalten der geistigen Welt, in welcher der Mensch durch sein Erkenntnisbemühen immer mehr erwachen kann. Das Geist-Erschauen möchte den Menschen zum Erwachen in der Lichtwelt des Geistes führen: «In des Geistes Weltgedanken erwachet die Seele», in lateinischer Sprache:»Per spiritum sanctum reviviscimus».

Damit sind diese drei Übungen der menschlichen Seele mit den drei menschheitlichen Entwicklungsworten verbunden, welche die Vergangenheit, Gegenwart und Zukunft umschließen. Sie verwandeln die menschliche Seele und überwinden die gewaltigen Hinderungskräfte, die ihrer Entwicklung entgegenstehen. Vieles muss geopfert werden, um aus der Seelenverfassung des Alltags zu einer solchen zu kommen, die sich mit der geistigen Welt verbindet. Deswegen haben diese drei Übungen in den Rhythmen des Grundsteines – wie wir später sehen werden – eine so große Bedeutung.

Das Ich in der geistigen Welt

Diese Entwicklungsstufe verbindet das Ich-Wesen mit der göttlichen Welt und bringt die Seelenkräfte mit den hierarchischen Wesen in Beziehung. Den Seelenfähigkeiten liegt die Wirksamkeit der Hierarchien zugrunde – so ist es in der Grundstein-Meditation beschrieben: Die belebenden Kräfte für das Denken stehen mit der dritten Hierarchie in Beziehung. Engel inspirieren als Gedankenboten das Denken. Das Fühlen ist mit seinen Wärme- und Lichtkräften, die von Mensch zu Mensch und zu den anderen Wesen der Welt liebevoll strahlen, mit der Sonne verbunden. Die zweite Hierarchie «bewohnt» die Sonne und ihren makrokosmischen Lichtraum. Sie beleben das menschliche Fühlen. Der Wille ist mit den Schicksalsmächten der ersten Hierarchie verbunden, welche «die gerechten Ausgestaltungen des Erdenlebens des Menschen»[62] im Schicksal schaffen.

Mensch-Werden in der Gotteswelt

In der letzten, vierten Stufe auf dem makrokosmischen Entwicklungsweg wird der Mensch ein Wesen unter geistigen Wesen und zu wahrhaftem Leben, Fühlen und Denken befähigt. In unserem alltäglichen Leben sind wir noch nicht wahrhaftige Menschen, sondern mehr oder weniger ein «provisorisches» Ich, ein unvollständiges Bild unseres eigentlichen Wesens. Das Selbstbewusstsein und auch das Selbstgefühl kennen ihre «Schwankungen» und auch die Selbstwirksamkeit bleibt immer wieder ein herausforderndes Ziel. Wir werden erst dann zu einem wahrhaften Ich-Wesen, wenn der Weg von dem Bild des alltäglichen Wesens zu dem Ewigkeitswesen des Menschen führt und dadurch sich des eigenen Wesens Wahrheit immer mehr erobern lässt. Hier ist der Mensch nun aufgerufen, zum Mitschöpfer zu werden, denn des Menschen gute Taten werden von der geistigen Welt erwartet und für die Entwicklung der Welt gebraucht. Das Handeln aus Einsicht und Erkenntnis kann zu guten Taten führen und sich segensreich im Alltag auswirken. Der Mensch handelt dann durch sein Erkennen der geistigen Zusammenhänge gemeinsam mit der geistigen Welt und lebt mit ihr in Wesensbeziehung, Kommunion. Aus diesem Grund führt diese letzte Stufe auf dem makrokosmischen Weg zum göttlich-trinitarischen Wirken, mit dem sich der Mensch in seinem verwandelten Wesen verbinden möchte.

VIII Bedeutung der Grundstein-Meditation für die Biografie

Die drei Übungen der Grundstein-Meditation

Übe Geist-Erinnern
Übe Geist-Besinnen
Übe Geist-Erschauen

begleiten den Erkenntnis- und gleichermaßen den biografischen Lebensweg. Oftmals sind biografische Herausforderungen, Zuspitzungen des Lebensweges – und besonders die Krankheit – Anlass, nach dem eigentlich «Wesentlichen» im eigenen Leben zu fragen. Manchmal wird entdeckt, wie diese wesentlichen Dinge im Leben unter den Alltäglichkeiten verdeckt sind und ihre Stimme nicht mehr gehört wird. Nun gibt es Wesentliches, das in diesen besonderen Situationen des Lebens neu gefasst wird und die zukünftigen Schritte leitet, aber auch Impulse, die wie Lebensmotive in den Tiefen der Seele leben und wie ein Goldgrund das bisherige Leben begleitet haben. Die Übung «Lerne das Wesentliche vom Unwesentlichen unterscheiden» kann zu diesen tiefen Lebensimpulsen führen, die wir in das Leben hereingebracht haben und die zu uns gehören. Hier lautet die Aufgabe, diese neu zu erinnern, nicht nur die äußeren Lebensereignisse zu erinnern, sondern bis in diese geistigen Tiefen der Seele das Bewusstsein zu lenken. Damit ist es nicht mehr das gewohnte alltägliche Erinnern, sondern ein «Geist-Erinnern». Etliche Patienten fragen besonders in Zeiten der Erkrankung nach diesen tiefen Impulsen und üben damit bereits das «Geist-Erinnern».

Das Geist-Besinnen im Seelengleichgewichte führt zum Verbinden mit dem Welten-Ich. Auch im persönlichen Schicksal können wir diese Verbindung mit dem Umkreis erleben. Oftmals empfinden wir unser Leben als selbstgestaltet und durch unsere Aktivitäten geprägt. Auf der anderen Seite sehen wir die vielen Unterstützungen und Hilfen, die wir durch andere Menschen und damit von unserem Umkreis erhalten. Sie haben erst möglich gemacht, dass unser Leben sich in dieser Weise entfalten und entwickeln konnte.[63] Insofern blicken wir auf ein «zentrales» und ein «peripheres» Ich, auf das Zentrum und den Umkreis. Letzteres steht mit dem uns «Zu-Geschickten», also dem Schicksal und seinen hierarchischen Schicksalsmächten in Zusammenhang. Diese werden von dem Welten-Ich, dem Christus-Willen im Umkreis getragen. Wenn wir unser Leben nicht nur aus der Innenperspektive ansehen, sondern das uns Zufallende und damit das manchmal ungebetene Geschick genauso als zu unserem Wesen gehörig erleben, vereinen wir das Menschen-Ich mit dem Welten-Ich und werden dadurch erst zum eigentlichen, zum wahrhaften Menschen. Die Schicksalsübungen, sich als «Autor» auch des Zugestoßenen zu empfinden und das uns begegnende Missgeschick auch unserem tieferen Wollen entspringend zu fühlen, vereinigt unser Wesen mit dem schicksalstragenden Welten-Ich. Manche Schicksalsereignisse lassen diese tieferen Zusammenhänge erahnen. Andere treten neu in das Leben und werden später ihre schicksalsgemäßen Folgen und Ausgestaltungen bekommen. Diese Zusammenhänge, so schwer sie im Einzelnen zu denken und manchmal auch zu ertragen sind, werden von einigen Patienten erlebt. Sie empfinden, wie die Krankheit etwas mit ihnen zu tun hat und nicht nur ein böser «Unfall» in der Biografie ist. Eine Patientin fasste es in die Worte: «Warum soll ich gegen mich selbst kämpfen?» Sie empfand diese Krankheit, von der manche schon lange im Voraus etwas wissen und ihr Kommen ahnen, als zu sich gehörig. Diese Menschen fühlen sich in Verbindung mit dem «Geschickten», dem Schicksal und erleben es als eine innere Selbstwerdung, wie eine Geburt des eigenen geistigen Ich-Wesens. In diesen besonderen Lebenssituationen wird bereits das Geist-Besinnen geübt.

Die Schicksalswege des Menschen sind auf Entwicklung angelegt und möchten den Menschen dazu führen, immer mehr «wahrer Mensch» zu werden. Oftmals fragen Patienten sich bei schweren Erkrankungen: «Was habe ich nur falsch gemacht?» Dieser Auffassung des Karma liegt der Gedanke von Schuld, ggf sogar Strafe zugrunde. Er bestimmt nicht die Schicksalswege, die ganz auf Entwicklung, also auf ein Zukunftsziel, nicht auf das «Woher kommt die Krankheit?», sondern vielmehr «Wofür wird sie durchgemacht?» angelegt sind. «Fatalist kann derjenige, der das Karma versteht, niemals werden», charakterisierte es Rudolf Steiner.[64] Im Karma walten gute Mächte, die den Menschen zu seinem «Ideal», im Sinne Schillers zum göttlichen Menschen führen möchten, denn «Die Anlage zu der Gottheit trägt der Mensch unwidersprechlich in seiner Persönlichkeit in sich; ...»[65].

In der Plastik Rudolf Steiners und Edith Maryons lebt dieses große Menschheitsideal, die «Religion der Götter»[66] und damit die Hoffnung auf den sich entwickelnden Menschen. Christus erscheint als das große Zukunftsbild in der Auseinandersetzung mit den auflösend-luziferischen und den verfestigenden-ahrimanischen Kräften. Durch diese Ausrichtung menschlichen Werdens wirkt Er als der Herr des Karma. Vervollkommnung des Einzelnen ist aber nur im Zusammenhang mit der gesamten Menschheit möglich. Die Konfrontation mit den eigenen Schwächen und Herausforderungen ist Inhalt der Selbsterkenntnis. An der Schwelle der geistigen Welt ist sie mit dem kleinen Hüter der Schwelle verbunden. Der große Hüter weist demgegenüber auf die menschheitliche Entwicklung: «Als einzelner hast du bis heute gestrebt; nun gliedere dich ein in das Ganze, damit du nicht nur dich mitbringst in die übersinnliche Welt, sondern alles andere, was in der sinnlichen vorhanden ist. Mit meiner Gestalt wirst du dich einst vereinigen können, aber ich kann kein Seliger sein, solange es noch Unselige gibt!»[67] Der große Hüter der Schwelle wird von Rudolf Steiner im Zusammenhang mit der Christus-Wesenheit beschrieben.[68] Sie wirkt durch ihre Liebe zum Menschen im Karma «seelenbegnadend».

Aus der Erkrankung können neue Perspektiven und Entschlüsse entstehen. Es ist ein Üben des «Geist-Erschauens», das dieses neue Licht offenbart und in freiem Wollen in der eigenen Biografie wirksam werden lässt. Es vollzieht sich bereits manchmal unbemerkt im Alltag. Der neu gesetzte und gefundene Sinn in den Lebenssituationen ist wie ein Licht und damit ein erster Keim des «Geist-Erschauens». So finden sich in der inneren Auseinandersetzung mit der Krankheit, mit Lebenskrisen und Herausforderungen der Biografie diese drei Übungsaufgaben der Grundstein-Meditation. Sie begleiten den Erkenntnisweg der Michael-Schule, begründen das menschliche Zusammenwirken, führen zum «Wir», und sind mitten in das Leben in allen seinen Herausforderungen gestellt.

IX Gemeinschaftsbildung und die vierte Strophe der Grundstein-Meditation

Die Grundstein-Meditation führt über die Entwicklung der individuellen Menschenseele zur Gemeinschaft, zum «Wir». Das Wort «Gemeinschaft» weckt unterschiedliche Gedanken: Manchen Menschen ist die Gemeinschaft die Erfüllung einer tiefen Sehnsucht, andere zu finden und in Gemeinschaft mit ihnen zu arbeiten. Anderen ist das Leben in einer Gemeinschaft suspekt, zu eng und eingrenzend. Gemeinschaftsbildung stellt sich in dieses Spannungsfeld: die Sehnsucht nach dem Zusammensein auf der einen, die Gefahr einer sektenartigen Enge auf der anderen. Dabei entsteht die wahre Gemeinschaft durch das Zusammenwirken freier Individualitäten. Gemeinschaft ist in diesem Sinne nie «fertig», sondern immer etwas Werdendes, das durch die Arbeit der einzelnen Menschen entsteht und zur Wirksamkeit kommt.

Qualitäten und Gesetzmäßigkeiten der Gemeinschaftsbildung sind durch einfache Übungen erfahrbar: Wenn eine Gruppe von Menschen sich in einen Kreis stellt und diesen gemeinsam groß und klein werden, also atmen lässt, sind die Herausforderungen der Gemeinschaftsbildung unmittelbar erlebbar. Der Einzelne braucht in seiner individuellen Bewegung die Aufmerksamkeit auf die anderen, sonst fällt er aus dem Ganzen heraus. Im Spiegel der Menschenseele muss sich also die Gemeinschaft mit den anderen bilden. Umgekehrt braucht die gesamte Kreisbewegung der Gruppe die Aktivität jedes Einzelnen, anderenfalls gelingt sie nicht. Im Sinne des Mottos der Sozialethik gilt: «Heilsam ist nur, wenn im Spiegel der Menschenseele sich bildet die ganze Gemeinschaft und in der Gemeinschaft lebet der Einzelseele Kraft.»[69] Gemeinschaft entsteht dabei erst durch Bewegung: Wenn sich die Beteiligten nur in einen Kreis stellen, wird es statisch, unbelebt und es entsteht schnell der Eindruck der «Pause». Wie in unserer Übung mit der Verabredung zur Kreisbewegung ablesbar, lebt in einer Gemeinschaft ein geistiges Ziel, das sich durch sie verwirklicht.

Entsprechend braucht es für ein freies gemeinschaftliches Zusammenwirken zuerst die Entwicklungsbemühung des Menschen zur freien, mit und in ihrer geistigen Herkunftswelt lebenden Individualität. So tönt in den ersten drei Hauptstrophen die Erkenntnisaufforderung «Erkenne dich selbst» an den Menschen. Erst auf dieser Grundlage und durch ein derartiges Bemühen schließt sich der nächste Schritt, die Gemeinschaftsbildung an. Dann kann sich der Mensch mit seinem Ich, seiner «Menschen-Sonne», dem göttlichen Licht, der Christus-Sonne nähern und ihr erleuchtendes und erwärmendes Licht empfangen.

Auch für die Gemeinschaftsbildung haben die drei Übungsaufgaben des Geist-Erinnerns, Geist-Besinnens und des Geist-Erschauens eine wesentliche Bedeutung. Sie können sich erst dann zur Wirksamkeit bringen, wenn die individuellen Menschen sie üben. Das Geist-Erinnern in einer Gemeinschaft geht über das persönliche Geist-Erinnern des Einzelnen hinaus. Wenn Menschen sich zu einer Gemeinschaft zusammenfinden, so hat das manchmal eine lange Vorgeschichte, bis sich die Schicksalswege der einzelnen Menschen begegnen. Für Menschen, welche die Anthroposophie suchen, weist Rudolf Steiner auf die Zugehörigkeit zur übersinnlichen Michaelschule und damit zu einer großen vorgeburtlichen Vergangenheit. Ähnliches gilt für geistsuchende Menschen außerhalb der anthroposophischen Zusammenhänge. Aus dieser Vorgeburtlichkeit kommen zentrale Impulse, werden wirksam im individuellen Leben und im gemeinschaftlichen Zusammenwirken, zum Beispiel in einer Institution, einer Einrichtung, in einem Kollegium. Geist-Erinnern bedeutet in diesem Zusammenhang, auf die tiefen Impulse aufmerksam zu werden, die Menschen verbinden, manchmal über ihre vordergründigen Gegensätze und auch wechselseitigen Konflikte hinweg.

Gemeinschaftliche Impulse aus der Vorgeburtlichkeit können wie ein «Goldgrund» im Zusammenwirken empfunden werden. Sie sind auch mit den Kräften des Zusammenhaltens in der gemeinsamen Lebensaufgabe verwandt. Kommt es dennoch zu einem Auseinanderfallen oder zu einer Trennung, so wird oftmals der Schmerz erlebt, der durch das fehlende Gelingen fruchtbaren Zusammenwirkens entsteht. Geist-Erinnern ist in diesem Zusammenhang ein Aufmerksamwerden auf die gefassten gemeinsamen Impulse in der Zusammenarbeit von Menschen, die jeder Einzelne für sich allein nicht vollbringen kann.

Im praktischen Zusammenwirken brauchen diese großen geistigen Ausrichtungen ihre jeweilige konkrete Ausformung. Der Arzt und Mitbegründer der Universität Witten/Herdecke Peter Matthiessen (1940–2019) sprach von der «Anverwandlung», in diesem Zusammenhang an die konkreten Lebenssituationen. Wenn ein gemeinsamer Impuls aufleuchtet, z. B. für das Heilen multiprofessionell zusammenzuwirken, wird vielleicht eine Praxis in guter Zusammenarbeit mit Kolleginnen und Kollegen als auch den anderen ambulanten Therapeuten begründet. Es kann aber auch zur Gründung eines Therapeutikums kommen und damit zu einer Form des Zusammenwirkens, die sich institutionell realisiert. Manchmal führt der gemeinsame Impuls zur Begründung eines Krankenhauses. Menschen kennen oftmals schon früh das gemeinsame Motiv, das sich in unterschiedlichen Formen und den Lebenssituationen gemäß realisiert. Aus der Intuition des gemeinsamen Wirkens schafft die schöpferische Phantasie im Zusammenwirken mit dem Umkreis, der Mitwelt, die unterschiedlichen Ausformungen. Die noch allgemeinen Ursprungsimpulse, welche die einzelnen Menschen verbinden und zusammenführen, müssen schöpferisch ausgearbeitet werden. Bei dem Geist-Besinnen geht es um diese schöpferischen Werde-Taten, die aus dem «Goldgrund» des gemeinsamen Lebensimpulses im Zusammenwirken mit dem Umkreis die konkreten Ausformungen entstehen lassen. Für eine fruchtbare Zusammenarbeit sind dann die Ziele und Ausrichtungen der gemeinsamen Arbeit entscheidend.

In der Gemeinschaft leben nicht nur die vorgeburtlichen Kräfte, also die große Vergangenheit, nicht nur die schöpferische Ausgestaltung dieser Lebensimpulse, sondern Zukunftskräfte in der Arbeitsausrichtung. Wo wollen wir in 10 Jahren sein? Können wir Ziele und zukünftige Perspektiven, die noch nicht Wirklichkeit sind, erkennen und im «Geist-Erschauen» fassen? In Krisen der Gemeinschaft und des menschlichen Zusammenwirkens helfen diese drei Übungen: Was sind die Ursprungsimpulse und wie wirken sie unter uns? Es handelt sich dabei um das «Übe Geist-Erinnern». Wie gestaltet sich das gegenwärtige Arbeiten und die Ausformung dieser Ursprungsimpulse im Hinblick auf die konkrete Lebensrealität? Wie steht diese schöpferische Arbeit, das Werden und die Entwicklung der Zusammenarbeit mit den Ursprungsimpulsen in Zusammenhang? Diese Fragen führen zum «Übe Geist-Besinnen». Schließlich kommen motivierende Kräfte aus den gemeinsam erkannten Zukunftszielen: «Übe Geist-Erschauen!» Hier orientieren sich die Blicke der einzelnen Menschen auf ein gemeinsames geistiges Entwicklungsziel, das als geistiges Licht Orientierung gibt.

So leben die drei Übungen der Grundstein-Meditation auch in der Gemeinschaft, im Zusammenwirken. Im individuellen Menschen fördern sie die Entwicklung der Individualität, um immer mehr zum wahren Ich zu werden. Im kollegialen Zusammenwirken und damit in der durch die individuelle Initiative gebildeten Gemeinschaft geht es um das Wesen, welches sich mit der Gemeinschaft verbindet und diese eint. Es wird wirksam durch die Erkenntnisarbeit der einzelnen Mitglieder der Gemeinschaft, welche die Sinnhaftigkeit und Notwendigkeit der gemeinsamen Arbeitsausrichtung und damit des geistigen Zieles des Zusammenwirkens erfahren. Mit dem Pfingstereignis ist urbildhaft auf den Geist der Gemeinschaft gewiesen, der die einzelnen individuellen Flammen der Apostel entzündet. Das Weihnachtsereignis ist mit dem Beginn, also der Geburt menschlichen Zusammenwirkens verbunden. So fand die Begründung der Allgemeinen Anthroposophischen Gesellschaft zur Weihnachtszeit statt. Das Osterereignis weist auf die Ich-Geburt des Menschen, das Pfingstereignis auf das Zusammenfinden und Zusammenwirken freier geistiger Individualitäten. Insofern ist die tiefste Substanz der Gemeinschaftsbildung mit der Christus-Sonne, wie es in der vierten Strophe der Grundstein-Meditation heißt, verbunden. Sie leuchtete in der Zeitenwende als das taghelle Licht in der Finsternis, möge auch gegenwärtig die Herzen erwärmen, schöpferische Kräfte entwickeln und die Häupter erleuchten zu dem Erschauen des Geistes, der zukünftigen Ziele.

IX.1 Die vierte Strophe

Die vierte Strophe beginnt mit einem Erinnern, einem Geist-Erinnern. Ihr erster Teil wirkt wie eine legendenartige Erzählung von den Ereignissen der Zeitenwende:

> In der Zeitenwende
> Trat das Welten-Geistes-Licht
> In den irdischen Wesensstrom;
> Nacht-Dunkel

Hatte ausgewaltet
Taghelles Licht
Erstrahlte in Menschenseelen
Licht,
Das erwärmet
Die armen Hirtenherzen
Licht,
Das erleuchtet
Die weisen Könighäupter –
Göttliches Licht
Christus Sonne
Erwärme unsere Herzen
Erleuchte unsere Häupter
Dass gut werde
Was wir aus Herzen
Gründen
Aus Häuptern
Zielvoll führen wollen.

In der Hauptesorganisation leuchtet im Denken ein Licht, das zum Erkennen, zum Erfassen der Wahrheit führt und Ziele für das selbstbestimmte Wollen bestimmt. Gegenüber dem Haupt mit seinem Bewusstseinslicht sind die Kräfte der Wärme mit dem Herzen verbunden. Das Herz strahlt einen großen Anteil seiner Wärme in den Umkreis und braucht sie nur zu etwa 15% für sich selbst. Es ist der Ort der freien Wärme, die in den Umkreis strahlt. Mit der Wärme und dem Feuer ist das Ich des Menschen verbunden.

Zu den physiologischen und spirituellen Funktionen des Herzens gehört seine Sinnestätigkeit. «Man sieht nur mit dem Herzen gut», wird es von de Saint-Exupéry im «kleinen Prinzen» formuliert. Es gibt aber nicht nur die Augen-, sondern auch die Ohrenkraft des Herzens: Wir können in der Stille der Seele, im Schweigen tiefer hereinhören, was in den anderen Wesen lebt, und inspirative Erkenntniskräfte im Fühlen entwickeln. Auch das Denken hat eine Beziehung zum Herzen: wir lernen etwas auswendig «par cœur», können immer mehr das abstrakte Denken zu einem Denken mit dem Herzen verwandeln. Schließlich ist das Herz mit dem Willen verbunden. Für mutige Handlungen fassen wir uns ein Herz. Das Herz ist damit auch ein Schicksalsorgan, das unser Tun impulsiert durch die entflammende Liebe zur Handlung, aber auch im Gewissen, welches das Handeln begleitet, ein Ahnen der karmischen Folge entwickelt. Aus der Quelle des Herzens strömen damit Licht, Liebe und Lebenskräfte. Sie differenzieren sich in die Pole des dreigliedrigen menschlichen Organismus mit der Entfaltung von Licht im Nerven-Sinnes-System, Liebekräften im Bereich des Herzens und Lebensentfaltung im Stoffwechsel-Gliedmaßen-System. Liebe umfasst Licht und Leben. Liebe führt durch die Hinwendung zum anderen Wesen zu einem tieferen Verstehen und damit zu neuem Licht. Anderenfalls wäre sie eine «blinde» Liebe. Liebe wirkt aber auch in das Leben, indem sie zum Handeln befeuert.

Damit orientiert sich das Licht des Hauptes nach oben, in die kosmischen Höhen, die Wärme des Herzens nimmt Ideen und Ziele auf und führt sie dem Handeln und damit dem unteren Menschen entgegen. Somit ist «das Herz ... der Schlüssel der Welt und des Lebens», wie es Novalis nannte.[70]

Die Komposition der vierten Strophe

Die vierte Strophe beginnt mit der Rückbesinnung auf die Zeitenwende:

In der Zeitenwende
Trat das Welten-Geistes-Licht
In den irdischen Wesensstrom;
Nachtdunkel hatte ausgewaltet
Taghelles Licht
Erstrahlte in Menschenseelen

Bis zu dieser Zeitenwende bestand ein Nachtdunkel der Seele. Nun hatte es «ausgewaltet» und «taghelles Licht erstrahlte in Menschenseelen». Es ist nicht das äußere Tageslicht, sondern geistiges Licht, das in Menschenseelen leuchtet und die vorbestehende Finsternis erhellt. Diese ersten Zeilen sind eine Besinnung auf die Vergangenheit; auch die Verben werden in der Vergangenheitsform gebraucht.

Nach dieser ersten Stufe der Meditation wird die Wirksamkeit des Lichtes der Zeitenwende beschrieben:

Licht, das erwärmet
Die armen Hirtenherzen
Licht, das erleuchtet
Die weisen Könighäupter –

Die Häupter der Könige und Herzen der Hirten empfangen das Licht der Zeitenwende, das die Hinwendung der Seelen zum Christusereignis ausrichtet. Diese Stufe schließt mit einem Punkt bzw. Gedankenstrich ab. Es folgt ihr die dritte Stufe:

Göttliches Licht
Christus Sonne
Erwärme unsre Herzen
Erleuchte unsre Häupter

Nun werden die bei der Weihnachtstagung 1923/24 in der Dornacher Schreinerei Anwesenden, aber auch die anderen, mit diesen Impulsen verbundenen Menschen und Wesen, sicher auch die gegenwärtig lebenden, also unsere Menschenseelen angesprochen. Göttliches Licht, die Christus-Sonne, möge die Häupter erleuchten und die Herzen erwärmen. Der Bitte liegt die Empfindung einer Finsternis der Häupter, vielleicht auch Kälte der Herzen zugrunde. Oftmals sehnen wir uns nach einem helfenden, erhellenden Licht, das neue Perspektiven erschließt, auch nach Herzenswärme, um die «Trägheit» der Herzen zu überwinden. Denn viele unserer guten Vorhaben stehen in der Gefahr, kein offenes Herz zu finden und «im Kopf stecken zu bleiben». Sie kommen nicht zur Verwirklichung, da sie vielleicht vergessen oder aufgrund fehlenden Schwungs nicht ausgeführt werden. Mit diesen Zeilen und dem «*unsre* Herzen ... *unsre* Häupter» wird der Menschenzusammenhang, die werdende Gemeinschaft angesprochen. Während in den vorausgehenden Strophen die Aufforderungen an die Menschenseele tönen, sprechen nun Menschenseelen zusammen das «uns», später das «wir».

In der abschließenden Stufe geht es um die Verwirklichungskraft, um das Gründen und Führen:

Dass gut werde
Was wir aus Herzen
Gründen,
Aus Häuptern
Zielvoll führen wollen.

Das Gute bezieht sich immer auf einen Lebenszusammenhang. Es gibt nicht die für sich bestehende «gute Tat». Wenn jemand einem Menschen etwas zu essen gibt, so kann es sich um eine gute Tat handeln. Wenn dieser aber gar keinen Hunger leidet, so ist dieselbe Tat nicht mehr «gut». Insofern hat das gute Handeln etwas Relationales und bezieht sich auf einen konkreten Weltzusammenhang. Die Handlung «wird ‹gut›, wenn meine in Liebe getauchte Intuition in der rechten Art in dem intuitiv zu erlebenden Weltzusammenhang drinnensteht; ‹böse›, wenn das nicht der Fall ist».[71] Für das gute Handeln braucht es diese Intuitionsfähigkeit, die seelisch-geistige Entwicklung des Menschen, wie sie in den ersten Strophen der Grundstein-Meditation angesprochen ist. Wie das gute Handeln den entsprechenden Weltzusammenhang braucht, also nicht allein für sich besteht, so entsteht eine neue, verstärkte Qualität und Wirksamkeit durch das gemeinsame Handeln, indem ein Ziel leuchtet und Menschen im Handeln eint. Im Zusammenspielen der Musiker eines Orchesters, im Zusammenwirken der Menschen in einer Institution, wirkt eine geistige Qualität: «Da sehen wir, was Vereinigung bedeutet. Vereinigung bedeutet die Möglichkeit, daß ein höheres Wesen durch die vereinigten Glieder sich ausdrückt. Das ist ein allgemeines Prinzip in allem Leben. Fünf Menschen, die zusammen sind, harmonisch miteinander denken und fühlen, sind mehr als 1 + 1 + 1 +1 + 1, sie sind nicht bloß die Summe aus den fünf, ebensowenig wie unser Körper die Summe aus den fünf Sinnen ist, sondern das Zusammenleben, das Ineinanderleben der Menschen bedeutet etwas ganz Ähnliches, wie das Ineinanderleben der Zellen des menschlichen Körpers. Eine neue, höhere Wesenheit ist mitten unter den fünfen, ja schon unter zweien oder dreien. ‹Wo zwei oder drei in meinem Namen vereinigt sind, da bin ich mitten unter ihnen.› Es ist nicht der eine und der andere und der dritte, sondern etwas ganz Neues, was durch die Vereinigung entsteht. Aber es entsteht nur, wenn der einzelne in dem andern lebt, wenn der einzelne seine Kraft nicht bloß aus sich selbst, sondern auch aus den andern schöpft. Das kann aber nur geschehen, wenn er selbstlos in dem andern lebt. So sind die menschlichen Vereinigungen die geheimnisvollen Stätten, in welche sich höhere geistige Wesenheiten herniedersenken, um durch die einzelnen Menschen zu wirken, wie die Seele durch die Glieder des Körpers wirkt.»[72]

Zusammenfassend erkennen wir auch in der letzten Strophe der Grundstein-Meditation vier Stufen:

Die ersten beiden beziehen sich auf die Ereignisse der Zeitenwende, stehen mit dem «Geist-Erinnern» in Zusammenhang. Sie weisen auf den göttlichen Ursprung des Menschen, auf das «Ex Deo nascimur».

Die nächste, also dritte Stufe verbindet mit der Christus-Sonne und entwickelt eine Beziehung zum «Geist-Besinnen» und damit zur zweiten Strophe der Grundstein-Meditation, in welcher der Christus-Wille erwähnt wird und die mit dem «In Christo morimur» verbunden ist.

Die letzte, vierte Stufe wendet sich zum «Erschauen» des Zieles durch die Häupter der Menschen und die Gründungskraft ihrer Herzen. Im gemeinsamen Ziel vereinigen sich Menschen, es gehört zum verbindenden Geist der Gemeinschaft. Mit seinem Aufleuchten steht das «Per spiritum sanctum reviviscimus», also «In des Geistes Weltgedanken erwachet die Seele» in Beziehung. Die Wärme des Herzens soll Gründungskräfte verstärken. In der Bitte «dass gut werde» leben die Hoffnungskräfte für diese Zukunft. Es ist das Geist-Erschauen, das Welten-Wesens-Licht dem Ich schenkt und durch die Wärme des Herzens zu freiem Wollen befähigt.

X Die Rhythmen der Grundstein-Meditation

Die Grundstein-Meditation kann im Gesamten oder auch in ihren sieben Rhythmen gepflegt werden, die Rudolf Steiner während der Weihnachtstagung erläuterte und an die Tafel schrieb (s. Abb. Tafelzeichnungen S. 98, 130ff.). Diese sind wie ihre Lebensprozesse, ihr Herzschlag, der sie in eine rhythmische Bewegung bringt. Die Rhythmen folgen dabei dem atmenden Weg vom Mikrokosmos zum Makrokosmos, vom Makrokosmos zum Mikrokosmos und schließen in ihrer Abfolge die Gemeinschaftsbildung, das «Wir», ein. Sie sind wie der Herzens-Lungen-Schlag der Meditation. «Nehmen Sie in diesem Zusammenhange jedes der einzelnen Worte also, dass es nur, wie es dasteht, dastehen kann»[73], wird es von Rudolf Steiner im Hinblick auf den ersten Rhythmus beschrieben.

Durch die Pflege der Rhythmen ist eine vertiefende Stufe in der Arbeit mit dem Grundstein möglich. Sie bilden in dieser Hinsicht sein Rhythmisches System. Inhaltlich beginnt die Arbeit mit dem Gedankeninhalt, dem «ideellen Abglanz», um schrittweise in der Meditation vertieft zu werden. Dabei führt der Weg vom Denken, dem Haupt, zum Rhythmischen System. Hier empfindet die Seele des «Denkens Hell oder Dunkel»[74] und vertieft sich durch das Erfühlen des Spruches. Die Pflege der Rhythmen gehört zu dieser Vertiefungsstufe und wird die Arbeit beleben. Der dritte Schritt ist dann die Wirksamkeit im Leben, der sich durch die Tätigkeit der Glieder realisiert. Dieser wird möglich, wenn die rechte Idee von einer entsprechend gestimmten Seele aufgenommen wird und durch die entstehende Idealkraft in das Leben wirkt. Wir verdanken der Verbindung mit leitenden geistigen Inhalten viel für die praktische Arbeit in unserem Leben. Schließlich schenkt uns Sinnerfüllung die stärkste Kraft in unserem Leben; ohne sie verliert sich das Ziel und ein «Ausbrennen» oder Kraftlosigkeit sind die Folge. «Wer ein Warum zu leben hat, erträgt fast jedes Wie» so Viktor Frankl (1905–1997) in Anlehnung an Friedrich Nietzsche[75].

X.1 Gestalt der Rhythmen

Die Rhythmen haben eine besondere Gestalt. Sie sind immer zweiteilig und zeigen meistens einen dreigliedrigen Aufbau. In der Zweiteiligkeit lebt der Atemrhythmus zwischen der Menschenseele und der göttlichen Welt in unterschiedlichen Gestaltungen: Einmal wird mehr die Menschenseele angesprochen, das andere Mal die göttlich-geistige Welt. Im fünften Rhythmus entwickelt sich dabei der Atmungsrhythmus zwischen der individuellen Menschenseele und der Gemeinschaft.

Der erste Rhythmus lautet:

Geist-Erinnern
Das eigne Ich im Gottes Ich erweset

Geist-Besinnen
Das eigne Ich dem Welten-Ich vereinen

Geist-Erschauen
Dem eignen Ich zu freiem Wollen schenken

In der Abfolge der drei Übungen im ersten Rhythmus der Grundstein-Meditation findet sich der Strom der Zeit: Die erste ist ein «Erinnern» an den göttlichen Ursprung, aus dem die Menschheit «erweset». Erinnern bezieht sich zunächst auf die Vergangenheit. Allerdings ist diese Wirksamkeit nicht beendet, sie geschieht auch in der Gegenwart: In allem Leibbilden, Heilen wirkt das Geistige Seinerzeugend und führt aus den göttlichen Ursprungskräften zum Menschensein. In allen Lebensimpulsen, die in «Seelentiefen» und nicht an der seelischen Oberfläche wirken, leben die vorgeburtlich gebildeten Schicksalskräfte auch in allen Augenblicken des Daseins. Werden wir auf sie aufmerksam, so beginnt das «Geist-Erinnern».

Das «Geist-Besinnen» lebt in der Gegenwart. Die meditative Arbeit ist gelebte Gegenwart, weder eine gewordene Handlung noch eine für die Zukunft in Aussicht genommene Tätigkeit. Sie verbindet sich mit den Werdekräften der Welt, die der schöpferischen Gegenwart angehören und nicht im Gewordenen erstorben sind.

Das Geist-Erschauen erschließt das geistige Licht, das sonst noch schlafbewusst in den Lebensprozessen, aber auch in den Ereignissen des Lebens, wirkt. Im Erkennen leuchten die Sinnzusammenhänge als geistiges Licht auf. Geist-Erschauen kann zu den Götterzielen, also dem Zukünftigen führen, welches das Wollen zielvoll orientiert. Menschen-Ziele sind oft von den Alltäglichkeiten des Lebens geprägt, sind noch keine «Götter-Ziele». Zu diesen möchte das «Geist-Erschauen» führen.

Die ersten beiden eng miteinander verbundenen Rhythmen sprechen dabei von der Entwicklung des Menschen, vom Erkenntnisweg, der «das Geistige im Menschenwesen zum Geistigen im Weltenall führen möchte». Es ist der Weg vom Mikrokosmos zum Makrokosmos. Daran anschließend, nämlich im dritten und vierten Rhythmus, folgt der umgekehrte Weg: Göttliches Wirken lenkt sich zur Menschenwelt. Aus dem göttlichen Urgrund tragen die Hierarchien das Weltenwort zum Menschen.

Im fünften Rhythmus kommt es zum «wir», zur menschlichen Gemeinschaftsbildung mit der Bitte «dass gut werde, was wir aus Herzen gründen, aus Häuptern zielvoll führen wollen». Auf der Tafel schreibt Rudolf Steiner nun die Worte des fünften Rhythmus in anderer Weise: Es erscheint eine Art Oval bzw. Kreis, dem im oberen Bereich die seiner Kurvenführung entsprechend angeordneten Übungsaufgaben folgen. Demgegenüber schließen sich die folgenden Textzeilen in horizontaler Schreibweise an, wobei «gründen» und «führen» jeweils doppelt unterstrichen werden. Dieser fünfte Rhythmus weist auf das «wir», auf die tätige Gemeinschaft und wird entsprechend mit der Kreisform umschlossen.

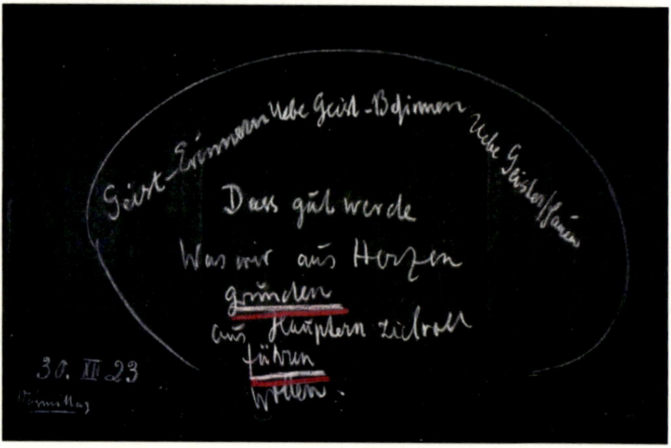

Abb.: Tafelzeichnung zum fünften Rhythmus der Grundstein-Meditation

Im sechsten Rhythmus steht das Wirken der Christus-Sonne im Mittelpunkt. Es handelt sich um das Erwachen in der ätherischen Welt, in welche die Christus-Sonne leuchtet und deren Elementarwesen das Tönen der geistigen Welt bereits hören.

Im siebten Rhythmus vollzieht sich die abschließende große Steigerung: Nach dem «Wir» der menschlichen Gemeinschaft, deren Orientierung zur Christus-Sonne folgt das Walten der Trinität in Beziehung zum dreigliedrigen Organismus. Jetzt wird deutlich, welche neue Stufe des Lebens der Seele erreicht werden soll: Es geht um ihr bewusstes Wirken im dreigliedrigen Leib im Sinne der Geistes- und Gotteswelt.

Die großen Ausrichtungen der Grundstein-Meditation, also die Höhen, der Umkreis und die Tiefen weisen zum Makrokosmos. Die Welt der Sterne hat etwas Ruhendes, Orientierung gebendes, demgegenüber bringen die Rhythmen das Leben in strömende Bewegung, es ist demgegenüber wie eine planetarische Qualität: «Wenn ich Ihnen so die Rhythmen im Zusammenklange aufschreibe, so ist es, weil darin wirklich ein Abbild liegt von Sternenkonstellationen. Man sagt: Saturn steht im Löwen, Saturn steht im Skorpion. – Davon hängen Rhythmen ab, die durch die Welt gehen. Geistiges Ursprungsbild liegt in solchen Rhythmen, wie ich sie aus unseren Sprüchen, die durchaus innerlich geistig-seelisch organisiert sind, im Laufe dieser Tage aufgeschrieben habe.»[76]

X.2 Der meditative Weg durch die sieben Rhythmen

Der Atmungsrhythmus in den Hauptstrophen der Grundstein-Meditation entwickelt sich zwischen dem Mikrokosmos und dem Makrokosmos. Vier Stufen bilden den aufsteigenden Weg, ebenfalls vier den absteigenden. Es ist das Verhältnis von 1 zu 4, das diesen Atmungsrhythmus des Grundsteins bestimmt. Aus den übersinnlichen Welten kommen dann die Kräfte des Zusammenwirkens, der Gemeinschaftsbildung. Die Rhythmen der Grundstein-Meditation fügen sich nun in ihre rhythmischen Bewegungen.

Der **erste Rhythmus**

Geist-Erinnern

Das eigne Ich
Im Gottes Ich
Erweset

Geist-Besinnen

Das eigne Ich
Dem Welten-Ich
Vereinen

Geist-Erschauen

Das [Dem] eigne[n] Ich
Zu freiem Wollen
Schenken[77]

verbindet das Ich des Menschen mit seinem Ursprung und führt zu freiem, durch Erkenntnis geleitetem Handeln. Die drei Übungen bereiten hierfür den Weg. In jedem Geist-Erinnern, das uns mit unseren tieferen Impulsen verbindet und auch die Schicksalsbeziehungen zu den anderen Menschen ahnen lässt, leuchtet etwas von den vorgeburtlichen Lebensentschlüssen auf, die im Zusammenwirken mit den göttlichen Schöpfermächten stehen. Im alltäglichen Leben haben wir meistens kein Bewusstsein von diesem Geisthintergrund unserer Biografie, den wir im Zusammenwirken mit der göttlichen Welt vorgeburtlich gestaltet haben. Das Geist-Erinnern soll helfen, zum eigentlichen Ich-Wesen zu kommen, das im Göttlichen urständet. Aus ihm entstehen Kräfte, um die Aufgaben und Herausforderungen des Erdenlebens zu meistern und zu tragen. Diese Stimmung kommt in einem in der zitierten Fassung Hermann Hesse (1877–1962) zugeschriebenen Gedicht zum Ausdruck, das vielen Menschen eine Hilfe geworden ist:

Das Leben, das ich selbst gewählt …

Eh' ich in dieses Leben kam,
ward mir gezeigt, wie ich es leben würde:
da war die Kümmernis, da war der Gram,
da war das Elend und die Leidensbürde.
Da war das Laster, das mich packen sollte,
da war der Irrtum, der gefangen nahm,
da war der schnelle Zorn, in dem ich grollte,
da waren Haß und Hochmut, Stolz und Scham.

Doch war'n da auch die Freuden jener Tage,
die voller Licht und schöner Träume sind,
wo Klage nicht mehr ist und nicht mehr Plage
und überall der Quell der Gaben rinnt.
Wo Liebe dem, der noch im Erdenkleid gebunden,
die Seligkeit des Losgelösten schenkt,
wo sich der Mensch, der Menschenpein entwunden,
als Auserwählter hoher Geister denkt.

Mir ward gezeigt das Schlechte und das Gute,
mir ward gezeigt die Fülle meiner Mängel.
Mir ward gezeigt die Wunde, d'raus ich blute,
mir ward gezeigt die Helfertat der Engel.
Und, als ich so mein künftig Leben schaute,
da hört' ein Wesen ich die Frage tun,
ob dieses ich zu leben mich getraute,
denn der Entscheidung Stunde schlüge nun.

Und ich ermaß noch einmal alles Schlimme.
«Dies ist das Leben, das ich leben will»,
gab ich zur Antwort mit entschloss'ner Stimme
und nahm auf mich mein neues Schicksal still.
So wurde ich gebor'n in diese Welt,
so war's, als ich ins neue Leben trat.
Ich klage nicht, wenn's oft mir nicht gefällt,
denn ungeboren hab' ich es bejaht.[78]

Dieses «Ja» kann durch das Geist-Erinnern, durch das Erfassen des Wesentlichen im Leben gefühlt werden und neue Hoffnungskräfte schenken.

Im Geist-Besinnen verbindet sich das Ich mit dem Werdenden in der Welt. In der uns umgebenden Welt blicken wir auf das Gewordene. Unsere Gedanken machen uns das Sichtbare verständlich; wir können aber durch sie nur das Gewordene begreifen, nicht das Werdende. Wenn wir uns mit dem aufmerksamen Natursinn der Welt zuwenden und sie mit dem lebendigen Denken erfassen, dann kommt zum Licht des Denkens die Wärme durch die liebevolle Verbindung mit der Welt. Die Art, wie wir die Welt betrachten, wird immer mehr auch ihr Schicksal: Abstrakte, analytische Gedanken bringen Todeskräfte in die Welt. Lebendiges Denken, das sich auf das Werdende besinnt und sich mit ihm vereint, verstärkt ihre Lebenskräfte. Die umfassende Weisheit der Welt ist Ausdruck des Welten-Wortes, das durch das Welten-Ich ausgesprochen wird und in allem Werden wirkt. Christus ist mit dem Werdenden, Schaffenden verbunden und als Welten-Ich wirksam. Im Geist-Besinnen lebt Selbstlosigkeit, Hingabe, Liebe, die das eigene Ich mit dem Welten-Ich vereinen.

Durch das Geist-Erschauen werden neue Zusammenhänge erkennbar, neue Perspektiven können entstehen und dem Leben einen neuen Sinn geben. Oftmals entwickeln sich die Keime des Geist-Erschauens aus existenziellen Lebensfragen und auch Leid, denn «… alles in der Welt …, was eine gewisse Größe erreicht hat, ist aus dem Schmerz heraus geboren».[79] Entschlüsse und Handlungen richten sich nach neuen Gesichtspunkten und Einsichten aus. Sie folgen einem Verstehen, einer Erkenntnis und sind nicht durch äußere Faktoren motiviert, sondern ganz aus der erkennenden Tätigkeit des Ich entstanden. Sie sind dadurch frei, bewirkt durch ein aus dem Geist-Erschauen entzündetes freies Wollen.

Diese drei Übungen der Seele verbinden das Ich mit der Geistes- und Gotteswelt: Im «Erwesen» entwickelt sich das noch so vorläufige Ich immer mehr der Gotteswelt entgegen, wird in ihr zum wahren Wesen. Im «Vereinen» verbindet sich das Ich mit den Werde-Kräften. Im «Schenken» kommt es nun zu einer anderen Qualität: Hier wird das Ich von der Gotteswelt, den «ewgen Götterzielen», beschenkt und kann Licht, «Welten-Wesens-Licht», in dem Denken empfangen und zu freiem Wollen gelangen.

Der zweite Rhythmus

Das eigne Ich
Im Gottes Ich
erweset

leben
[Im] Menschen-Welten-Wesen

Das eigne Ich
Dem Welten-Ich
vereinen

fühlen
[Im] Menschen-Seelen-Wirken

Dem eignen Ich
Zu freiem Wollen
schenken

denken
[In] Menschen-Geistes-Gründen

schließt unmittelbar an die jeweils letzten Zeilen des ersten Rhythmus an. Er möchte zum wahrhaften Denken, Fühlen, Leben führen und damit den Menschen zu seinem wahren Wesen entwickeln. Im Erdenleben sind wir Abbild unseres wahren Wesens, «ich bin nur Bild davon» heißt es in der auf Seite 48 f. angeführten Meditation Rudolf Steiners. Der Weg zum wahren Menschen, zum wahren Ich-Wesen führt über die Schwelle der geistigen Welt: «Ich werde es aber wiederfinden, wenn ich guten Willens für den Geist durch des Todes Pforten gegangen» schließt diese Meditation. Durch dieses Tor der Erkenntnis führen die drei Übungen und leiten den Menschen zu sich selbst und zur Verbindung mit der geistigen Welt.

In diesen zwei Rhythmen wird der Entwicklungsweg des Menschen beschrieben, «der das Geistige im Menschenwesen zum Geistigen im Weltenall führen möchte»[80]. Er öffnet die Seele aus ihrem Innenraum zur Verbindung mit der geistigen Welt und damit ihrer geistigen Heimat und Ursprung, zur Entwicklung des wahrhaften Lebens, Fühlens und Denkens. Vorher sind diese Fähigkeiten der Menschenseele noch nicht wahrhaft wirksam, sondern – wie dargestellt – im eng Persönlichen gefangen. Wenn diese sich der Welt öffnen, dem Geistigen verbinden, befreien sie sich aus der «Eigenheiten Fessel»[81], werden «wahrhaft». Der Gegensatz zum Wahrhaftigen ist der Irrtum. Wahrheit wird im Denken gefunden, im Fühlen als Wahrheitsgefühl erlebt und in einem Handeln aus Erkenntnis verwirklicht. Das alltägliche Leben zeigt demgegenüber die Verdunkelungen der Seelenfähigkeiten, welche die Seele in Irrtum, noch nicht zur Wahrheit leiten. Aus dieser Welt des Irrtums befreit sich der Mensch immer mehr zum wahren Denken, Fühlen und Leben.

Der **dritte Rhythmus**

weist auf das Walten der Trinität als Urgrund allen Seins. Die Seelenübungen öffnen hier den Weg. Sie werden im ersten Teil des Rhythmus angesprochen. In seinem zweiten antwortet es «draußen im Weltenall»[82]:

Übe Geist-Erinnern

Denn es waltet der
Vatergeist der Höhen
In den Welten-Tiefen
Sein erzeugend

Übe Geist-Besinnen

Denn es waltet der
Christus-Wille im Umkreis
In den Weltenrhythmen
Seelen-begnadend

Übe Geist-Erschauen

Denn es walten des
Geistes Weltgedanken
Im Weltenwesen
Licht-erflehend

Mit diesem Rhythmus beginnt sich bereits die Richtung zu wenden. Das Walten der Trinität wirkt Sein-erzeugend in den Welten-Tiefen, wendet sich der Menschenseele seelenbegnadend zu und ruft Menschen «lichterflehend» zum Erkennen des Geistigen, zum Geist-Erschauen auf. Die «aufsteigende Richtung» geht über in den Weg vom Makrokosmos zum Mikrokosmos. Wenn wir die Weisheit und Vollkommenheit der uns umgebenden Welt bestaunen, so wird in ihr der Geist den Sinnen als umfassende Weisheit sichtbar, die sich durch die Schöpferkräfte in das Stoffeskleid hüllt. Das Göttliche wirkt Sein-erzeugend. Friedrich Schelling (1775–1854) sprach von der Natur als dem sichtbar gewordenen Geist.[83] Wir bestaunen den Goldenen Schnitt in der Natur, in der menschlichen Gestalt, manche geometrische Form und auch die logarithmische Spirale, die in der Sternenwelt und ihren spiralförmigen Nebeln, in den Zyklonen des meteorologischen Geschehens sowie in der Anordnung der Samen der Sonnenblume zu entdecken ist. Die Weltgedanken der göttlichen Welt erscheinen in der Sinneswelt und reichen bis zur Stoffeswelt.

Der Sonnenbogen zieht sich über den Horizont und bestimmt den leuchtenden Umkreis. Das Licht der Sonne strahlt in die Sinne des Menschen. Allen Sinneswahrnehmungen liegt ein die Welt erhellendes Licht zugrunde. Dem in die Augen scheinenden Licht antwortet das innere Licht des Menschen, «damit das innere Licht dem äußeren entgegentrete».[84] Im inneren Licht des Menschen strahlt sein Wesen, sein Ich. Mit dem Sonnenlicht ist das Welten-Ich, der Christus verbunden. «Des Christus Licht in unserem Tageslicht» heißt es in der Menschenweihehandlung der Christengemeinschaft. Im Atmen von innerem und äußerem Licht vereinigt sich das Menschen-Ich mit dem Welten-Ich.

Des Geistes Weltgedanken brauchen die erkennende Tätigkeit des Menschen. Die Weisheit der Natur ist eine schlafende, in den Lebensprozessen wirkende. Ihre Weltgedanken sind deshalb Licht-erflehend, sie warten auf den erkennenden Menschen, der das Erkenntnislicht entzündet. Aber auch die Zukunftsziele müssen vom Menschen erfasst werden. Götterziele beziehen sich auf das Zukünftige, auf die großen Entwicklungsperspektiven von Mensch und Kosmos. Wenn der Mensch aus Einsicht handelt, entsteht eine Lichtqualität in seinem Wollen. Das routinehafte und alltäglichen Impulsen folgende Wollen wird durch das Erkennen erhellt, auf eine neue Stufe gehoben und zu freiem Wollen entwickelt. Auf dieses Licht wartet die geistige Welt, «erfleht» es vom Menschen. Ein Handeln aus Einsicht folgt geistigen Zielen, die im Erkennen erfasst werden, und verlässt damit die persönlich egozentrische Motivation. Ein geistiges Licht leuchtet in den bewusstseinsfernen und damit dunklen Willen. «Wenn man früher gesagt hat, ihr müßt hinaufschauen zu den Reichen, wo der göttliche Vaterquell des Daseins ist, und ihr müßt warten, daß er aus den Reichen der Himmel herunterleuchtet, so wird man jetzt sagen können: Nicht nur leuchtet er zu euch herunter, sondern was da oben gewollt wird, das muß eindringen in die tiefste Ich-Natur des Menschen und dort auch gewollt werden», formulierte es Rudolf Steiner.[85]

Im **vierten Rhythmus**

folgt auf die trinitarische Welt die Wirksamkeit der Hierarchien:

Übe Geist-Erinnern

Seraphim, Cherubim, Throne
Lasset aus den Höhen
Erklingen
Was in den Tiefen
das Echo findet.

Übe Geist-Besinnen

Kyriotetes, Dynamis, Exusiai
Lasset vom Osten befeuern
Was durch den Westen
sich gestaltet.

Übe Geist-Erschauen

Archai, Archangeloi, Angeloi
Lasset aus den Tiefen erbitten
Was in den Höhen
erhöret wird.

Dieser Rhythmus spricht von dem Schöpfungswort, das durch die Welt klingt und in den Tiefen Sein-erzeugend wirkt. Es findet in der Schöpfung das Echo. Aus allem in der Welt tönt die Schöpfungsweisheit, die in dem Sein-Erzeugen lebt, vom Menschen erkannt wird und der ersten Hierarchie als den Kräftegeistern im Echo entgegen tönt.[86] Aus den Höhen erklingen die Stimmen der ersten Hierarchie und «das aus den Höhen Angeregte, von unten auf erklingend, das Weltenwort, ausgeht von Seraphim, Cherubim und Thronen».[87]

Das Geist-Besinnen hat seine Beziehung zur zweiten Hierarchie, «wenn man ihre Stimmen vorstellt im Weltenworte: ...». Diese Lichtesgeister leben im Schöpferischen, im Werden und Schaffen in den Welten-Werde-Taten aus den Urbildern der Welt. «In der Mannigfaltigkeit der irdischen Pflanzenformen, den zahllosen Variationen irdischer Lebenserscheinungen offenbaren sich die geistigen Urbilder des Lebens ...», formulierte es Frits Wilmar.[88]

Das Geist-Erschauen weist auf «die Art, wie die dritte Hierarchie sich einschaltet in das Weltenwort: ...».[89] Die erste Hierarchie tönt im Weltenwort in ihrem Echo von unten nach oben, die zweite Hierarchie aus dem Umkreis: Osten und Westen, schließlich kommen die Stimmen, die aufgenommen werden von der dritten, aus den Tiefen bittenden Hierarchie, «das nun von oben nach unten hin erhört wird».[90]

Der vierte Rhythmus ist also mit dem durch die Welt klingenden Schöpfungswort verbunden. In der geistigen Welt lebt die Bitte – so in der Grundstein-Meditation bezeichnet –, dass Menschen das Weltenwort durch die Rosenkreuzer-Worte hören mögen. Es geht um das inspirative Hören, das zum vierten Rhythmus gehört.

Fünfter Rhythmus

[Übe] Geist-Erinnern
Übe Geist-Besinnen
Übe Geist-Erschauen

Dass gut werde,
Was wir aus Herzen gründen,
Aus Häuptern zielvoll führen wollen.

Auf die Übungsaufforderungen folgen in der zweiten Zeile jedes Rhythmus Stufen, die über die trinitarische Welt zu den Wesen der Hierarchien und schließlich – im fünften

Rhythmus – zum Wirken der Gemeinschaft führen. Hier formuliert sich eine Bitte «dass gut werde …», die sich nun nicht auf den individuellen Menschen, sondern auf das Zusammenwirken, die Gemeinschaft bezieht. Dabei richten sich die drei Übungen im ersten Teil des Rhythmus an die einzelne Menschenseele, der zweite Teil bezieht sich demgegenüber auf das «wir». In diesem Rhythmus lebt eine Hoffnungs- und Zukunftsstimmung. «Dass gut werde» ist wie die Vorbereitung einer Geburt. Im menschlichen Handeln leben diese Hoffnungskräfte und begleiten in allen Initiativen das «Gründen» und «Führen».

Das Handeln des Menschen folgt gesetzten Zielen, also einer im Denken, im Haupt gefassten Ausrichtung. Diese wird durch die Liebe zur Handlung und damit der Kraft des Herzens belebt und realisiert sich durch die Wirksamkeit der Glieder. Vom Kopf, über das Herz bis in die Hände «inkarniert» sich das Handeln des Menschen. Aus dem alltäglichen Leben kennen wir «Stockungen» in diesem Prozess. Es bleibt manchmal bei der guten Absicht, also im «Kopf» und nichts folgt. Auch kann sich das Herz strohfeuerartig entzünden, ohne dass ein Handeln folgt. Demgegenüber hat die aus der Erkenntnis geborene Liebe zur Handlungsidee Verwirklichungskraft.

Nun kann sich die individuelle Arbeit mit anderen Menschen verbinden: Gemeinsame Ziele entwickeln sich in den Häuptern und richten das Handeln aus; Verwirklichungskräfte des Herzens werden zu Gründungskräften. Wenn sich Menschen in der Zusammenarbeit finden, so eint sie ein gemeinsames Ziel, verbindet sie die mit ihm verbundene Wärme. Licht und Wärme, also Sonnenwirksamkeit entfaltet sich in der Gemeinschaft. Dabei ist mit dem Ansprechen der Herzen und Häupter auf die Hirten- und die Königsströmung hingewiesen, also auf das Geheimnis der zwei Jesusknaben.[91] Beide Qualitäten braucht es für die Wirksamkeit der Christus-Sonne. Beide Qualitäten können in menschlichen Initiativen leben, wenn Vorhaben und damit Handlungsziele zur Wirklichkeit werden, und sind wie ein kleines Abbild der Christgeburt zur Zeitenwende.

Gemeinschaftsbildung braucht das individuelle Bemühen und entwickelt «Wesensglieder» im Sozialen. Sie bildet eine «physische Organisation», zum Beispiel in der äußeren Organisationsform einer Gesellschaft, eines Vereins. Sie kennt Lebensprozesse: Das Zusammenwirken braucht ein gesundes Atmen zwischen der Gemeinschaft und dem Umkreis, eine Wärme der Gemeinschaft, Ernährungs-, Sonderungsprozesse, schließlich Erhaltung, Wachstum und schöpferisches Wirken, also Reproduktion. Die Stimmung und das «Klima» gehören zur Seele der Gemeinschaft, ihre geistige Ausrichtung weist auf ihr «Ich», auf das geistige Wesen, dem sich die Gemeinschaft zuwendet. Dieses geistige Wesen, die Christus-Sonne, wird im sechsten Rhythmus angesprochen:

Sechster Rhythmus

Göttliches Licht
Christus-Sonne

Das hören die Elementargeister
von Ost, West, Nord, Süd
Menschen mögen es hören!

Der fünfte Rhythmus spricht von den Herzen, den Häuptern der Menschen mit der Bitte, dass gemeinsames Wirken «gut» werde. Hierzu braucht es Licht, das erwärmt, das erleuchtet. Göttliches Licht, die Christus-Sonne leuchtet in die ätherische Welt und schenkt Licht und Wärme für die Häupter und Herzen der Menschen, die ihre Seele öffnen und hören lernen. Davon spricht der sechste Rhythmus. Wir kennen in unserem Leben die Taubheit gegenüber vielen Inspirationen aus der geistigen Welt, die leise in der Seele tönen, vielleicht auch als die Stimme unseres Gewissens vernehmbar werden, leicht überhört werden und in der Routine des Alltags untergehen. Der Rhythmus schließt mit der Bitte, dass Menschen diese Wirksamkeit der geistigen Welt vernehmen, hören mögen. Im fünften Rhythmus ist es die Bitte der Menschen: «dass gut werde, was wir aus Herzen gründen, aus Häuptern zielvoll führen wollen». Nun folgt diejenige der übersinnlichen Welt: «Menschen mögen es hören». Es geht um die Worte der Menschheitsentwicklung, zusammengefasst in den drei Rosenkreuzer-Worten, die in der Grundstein-Meditation auch in ihrer deutschen Übersetzung erklingen. Sie erscheinen hier im Zusammenhang mit dem göttlichen Licht, der Christus-Sonne. Ihre Quelle ist mit der Christus-Sonne verbunden. Sie möchten den Menschen zur Selbsterkenntnis und damit Geburt seines Ich-Wesens, der Menschen-Sonne führen. Wenn Menschen diese Worte hören, dann wirkt in der Seele nicht nur das persönliche Wünschen und Wollen, sondern die göttliche Welt.

Der sechste Rhythmus hebt sich seiner Gestalt nach von den anderen ab. Er hat nicht mehr einen dreigliedrigen Aufbau, der die anderen Rhythmen kennzeichnet. Die in ihm angesprochene Sonne, die Christus-Sonne, vereint die Übungsaufgaben für die Seelenkräfte des Menschen. Sie vereint Licht, Wärme, Lebenskraft in ihrem Wesen und führt zusammen, was sich in den anderen Rhythmen differenziert. Im zweiten Teil dieses Rhythmus wird von dem Hören der Elementarwesen gesprochen. Es bezieht sich auf das «Hören» des Weltenwortes, wie es im vierten Rhythmus erklingt und durch das Licht in die Welt des Ätherischen tönt.

Siebter Rhythmus

Du lebest in den Gliedern

Denn es waltet der
Vatergeist der Höhen
In den Welten-Tiefen
Sein erzeugend

Du lebest in dem Herzens-
Lungen-Schlage

Denn es waltet der
Christus-Wille im Umkreis
In den Weltenrhythmen
seelenbegnadend

Du lebest im ruhenden Haupte

Denn es walten des
Geistes Weltgedanken
In Weltenwesen
Licht erflehend

«Es ist der dreigliedrige Mensch, herausgeboren aus den Kräften der Trinität.»[92] Das Wort «Denn» weist auf die Verknüpfung der beiden Tatsachen. Das Leben der Menschenseele im dreigliedrigen Organismus wird möglich durch das trinitarische Walten. Es ist das mikrokosmische Abbild des göttlich-geistigen Waltens in der Welt: In den Sternen leuchten die «Ewigkeitsgründe», von denen die dritte Strophe spricht, die Weltenrhythmen finden sich als makrokosmisches rhythmisches System im Gang der Sonne und den planetarischen Bewegungen, die Naturreiche offenbaren das Schöpferische und Sein-Erzeugende der geistig-göttlichen Welt. Eine Stimmung des Dankes kann sich in der Seele des Menschen entwickeln, denn «die Welt sie zeigt mir überall, als göttlich Urbild des eigenen Abbilds Wahrheit»[93]. Darauf weist dieser abschließende siebte Rhythmus.

Am Anfang der Rhythmen, die wie ein Herzschlag oder Atmen die Grundstein-Meditation durchziehen, steht die Verbindung des Menschen mit der geistigen Welt. Es ist der aufsteigende Erkenntnisweg, der sich bis zum zweiten Rhythmus vollzieht. Ab dem dritten Rhythmus führt der Weg von der göttlichen Welt über die Hierarchien bis zur Menschengemeinschaft und ihrer Wirksamkeit. Im fünften Rhythmus sprechen die Menschenseelen das «Wir». An diese anschließend führt der sechste Rhythmus aus der seelischen in die ätherisch-elementarische Welt, in der der Christus lebt und die Elementarwesen die Weltenworte hören. Hier heißt es «Menschen mögen es hören», also nicht der einzelne Mensch, sondern die Menschen einer Gemeinschaft, vielleicht die gesamte Menschheit mögen die Entwicklungsworte vernehmen. Im siebten Rhythmus ist es nun der individuelle Mensch selbst, der angesprochen wird: Seine Seele lebt in der Dreigliederung des Leibes und verwirklicht diejenigen Kräfte, die dem göttlichen Wirken entstammen. Der physische Leib mit seinen Gliedern, dem Herzens-Lungen-Schlage und dem ruhenden Haupt wird erreicht.

Der absteigende Bogen beginnt also mit der Gotteswelt, führt zur Geisteswelt der Hierarchien, dann zur Menschengemeinschaft und ihrer Wirksamkeit, schließlich zur ätherischen und abschließend zur physischen

Welt. Das Leben der Menschenseele in der physischen Welt steht dabei in diesem Rhythmus in Beziehung zum trinitarischen Wirken. Die Höhen der Himmel verbinden sich mit dem irdischen Handeln des Menschen:

> «Wie du auch handelst in dir, es berühre den Himmel der Wille,
> Durch die Achse der Welt gehe die Richtung der Tat.»
> (Friedrich Schiller).[94]

Rhythmen tragen das Leben der Meditation

Alles organische Leben zeigt rhythmische Abläufe. Ähnliches gilt auch für das meditative Leben. Es braucht den individuellen Rhythmus, das richtige Maß und – bei dieser langen Meditation – auch die rhythmische Vertiefung. Die beschriebenen Rhythmen greifen zentrale Motive der Meditation heraus und bringen sie in eine atmende Beziehung. So lebt in den sieben Rhythmen der aufsteigende Weg der Menschenseele, der absteigende Weg des göttlichen Wirkens, dem sich die Menschenseele verbindet, und die sich bildende Gemeinschaft.

Man kann den Weg durch die Grundstein-Meditation und ihre Rhythmen wie eine Lemniskate empfinden: Die Menschenseele steht in der Mitte und befindet sich an der Schwelle zur geistigen Welt. Denn einerseits wird ihr Leben im dreigliedrigen Organismus angesprochen, andererseits auf ihre Beziehung zur übersinnlichen Welt hingewiesen. Aus dieser und nicht aus der Sinneswelt wird sie angerufen. Dann führt der aufsteigende Weg zur geistigen Welt, verbindet das Geistige im Menschenwesen mit dem Geistigen im Weltenall. Der absteigende Weg führt das göttliche Wirken aus der geistigen Welt zur Menschenseele: «Menschen mögen es hören». Hiermit sind wir wiederum an dem Kreuzungspunkt der Lemniskate, an der Schwelle zwischen der Sinnes- und der Geisteswelt. Jetzt verwandelt sich in der Abfolge der Rhythmen die individuelle Entwicklung der Seele in das Zusammenwirken mit den anderen Menschen. Geistige Impulse leuchten in der individuellen Menschenseele auf, brauchen aber für ihre Verwirklichung das gemeinschaftliche Arbeiten, müssen auch andere «entzünden», damit sie verwirklicht werden können. So fasst der individuelle Mensch eine Idee; sie wird aber nur dann in der Welt wirksam, wenn diese auch andere entzündet und impulsiert. Anderenfalls ist der einzelne Mensch mit dieser erfüllt, aber allein. Die Zeit ist dann noch nicht reif. Hieraus entsteht oftmals ein großer Schmerz. Manche Menschen waren mit ihren Vorhaben und Ideen der Zeit voraus, entwickelten weitreichende Erkenntnisse, aber der Umkreis hat weder gefragt noch sich für sie entzündet. Viele anthroposophische Lebensfelder sind durch Fragen an Rudolf Steiner entstanden und wir können den damalig lebenden Menschen außerordentlich dankbar sein, dass sie im rechten Moment diese Fragen stellten. Vieles ist sicher auch nicht gefragt worden und hat sich demzufolge nicht entwickelt. Insofern können wir von einer Hoffnung, ja Bitte der geistigen Welt sprechen, dass genügend Menschen für die zeitnotwendigen Ideen aufwachen, sie nicht verschlafen, wenn sie von Einzelnen bereits erfasst werden: «Menschen mögen es hören». Hieraus entstehen die Kräfte, aus Herzen zu gründen und aus Häuptern zu führen, also Wärme- und Lichtkräfte für das gemeinschaftliche Tun.

Im Schnittpunkt der Lemniskate steht zu Beginn die individuelle Menschenseele an der Schwelle zur geistigen Welt, dann, im Zurückschwingen entwickelt sich hier das

«Wir», bildet sich der menschliche Zusammenhang, werden Schicksalskräfte im Zusammenwirken der Menschen wirksam.

Nach dem ersten Lemniskatenbogen schwingt sie nun in die andere Richtung. Menschenseelen sollen entzündet werden und im individuellen Erkennen das verbindende Ziel, die einen Menschenzusammenhang ergreifende Idee, ihr Licht und ihre Wärme erfassen. So geht es im sechsten Rhythmus um das göttliche Licht, um die Christus-Sonne. Sie wirkt im paulinischen Sinne im einzelnen Menschen, der sich mit Ihm verbinden möchte in dem «Nicht ich, sondern der Christus in mir», und wirkt in der menschlichen Beziehung, in der Gemeinschaft, im «wir», wenn zwei oder mehr in Seinem Namen vereinigt sind. Dann fügen sich die individuellen Flammen der Menschen zusammen zu einem Feuer, das in der Welt wirksam wird. Irdisches Feuer verbrennt, verwandelt die aus dem Lebendigen kommende Substanz in das Licht. Geistiges Feuer fasst mit den Ideen und Idealen das Licht und führt zur schöpferischen Wirksamkeit im Leben.

Eine Gemeinschaft wird durch ihre Mitglieder, also durch die einzelnen Menschen wirksam. Sie können die Kraft für ihre Arbeit aus der Gemeinschaft bekommen, aber Taten entstehen immer durch einzelne Menschen. In einem Krankenhaus gibt es die Gemeinschaft der Mitarbeitenden eines «Gemeinschaftskrankenhauses». Die Wirksamkeit für den Patienten geschieht aber immer durch die einzelne Schwester, den Heileurythmisten, die Ärztin. Der Patient spürt aber in der jeweiligen individuellen Begegnung den gemeinsamen therapeutischen Geist, der die einzelnen Mitarbeitenden verbindet und zum Beispiel in gemeinsamen Besprechungen gepflegt wird. So lebt in der Arbeit des einzelnen Mitarbeiters ebenso das Ganze, wenn er sich nicht in seinem Arbeiten autonomisiert, sondern mit dem Ganzen verbunden weiß. In demselben Maße, wie sich das gemeinschaftliche Wirken in der Arbeit der Einzelnen individualisiert, wird es als gemeinsame geistige Qualität für die geistige Welt sichtbar und für ihre Wesen, auch für die Welt der Verstorbenen wirksam. Diese Tatsache beleuchtet die geistige Bedeutung gemeinschaftlichen Arbeitens, die Wirksamkeit der dadurch entstehenden seelischen Stimmung und der geistigen Ziele für die geistige Welt im Sinne des «umgekehrten Kultus».[95] So atmet das gemeinschaftliche Tun zwischen dem Irdischen und der geistigen Welt; vermittelt und verstärkt durch dieses Atmen die jeweilige Wirksamkeit.

Der letzte, abschließende Rhythmus der Grundstein-Meditation weist auf diese individuelle Wirksamkeit des Menschen im Zusammenhang mit dem Ganzen der geistigen Welt. Er führt in seinen ersten Zeilen zum Leben der Menschenseele im Leib, also im dreigliedrigen Organismus. Diesem Leben der Seele entspringt alles Wirken in der physischen Welt. Nun ist es aber nicht ein «geistfernes» Wirken, gewissermaßen «blind» für den Zusammenhang mit der geistigen Welt, sondern verbunden mit den tiefsten geistigen Quellen, die in diesem Rhythmus mit dem Walten der Trinität angesprochen werden. Damit führt der zweite Bogen der Lemniskate zur «physischen» Wirksamkeit der Menschenseele aus den Kräften des Ganzen und inspiriert durch die geistige Welt.

In diesem Rhythmus erklingt wiederum der Beginn der Grundstein-Meditation, das Leben der Menschenseele im dreigliedrigen Organismus. Er führt den jeweiligen Anfang des ersten und des zweiten Teiles der drei Hauptstrophen zusammen. Der zurückschwingende Bogen der Lemniskate würde nun wieder zum Kreuzungspunkt führen und damit zur Ausgangssituation des Übungsweges. Es braucht immer wieder das Zurückkommen an diesen Anfang, um diese Entwicklungsschritte zu beleben.

Mit den Rhythmen der Grundstein-Meditation wird ein seelisch-geistiges Atmen beschrieben, das dem menschlichen Handeln zugrunde liegt. Für gutes Wirken sucht die Seele des Menschen die Verbindung zur geistig-göttlichen Welt; ein Weg, der durch die ersten beiden Rhythmen bezeichnet ist. Dann folgt mit dem dritten und vierten Rhythmus die Wirksamkeit der Gottes- und Geisteswelt, die im fünften Rhythmus von Menschenseelen aufgenommen werden kann. In diesem Rhythmus leben die Seelenimpulse, die aus der Begegnung mit der göttlichen Welt nachklingen und nach Verwirklichung streben. Während sich die nach «oben» orientierte Lemniskate mit der Geisteswelt verbindet und ihre Kräfte zur Menschenwelt trägt, orientiert sich die nach «unten» strebende zur irdischen Welt. Die Seelenimpulse brauchen das Licht und die Wärme der Christus-Sonne, um in der physischen Welt wirken zu können. Damit bezeichnet der fünfte Rhythmus im Kreuzungspunkt der Lemniskate eine bedeutsame Schwelle: Es ist der Begegnungsort der geistigen mit der ätherischen und physischen Welt in der Seele des Menschen. In diese wirken auf der einen Seite die Gotteskräfte und das hierarchische Wirken, auf der anderen geht es um ihr zukünftiges Handeln in der irdischen Welt. Die Lemniskate beschreibt ihren Tagesgang: Mit dem Einschlafen verbindet sich die Seele mit der geistigen Welt. In der zweiten Hälfte der Nacht empfängt sie inspirierende und belebende Kräfte für den Tag. Diese werden mit dem «Erwachen» zur Wirksamkeit in der Gemeinschaftsbildung und dem individuellen Wirken gebracht. Die sieben Rhythmen der Grundstein-Meditation leben in diesem Atmen, wie es durch die Lemniskate verbildlicht ist.

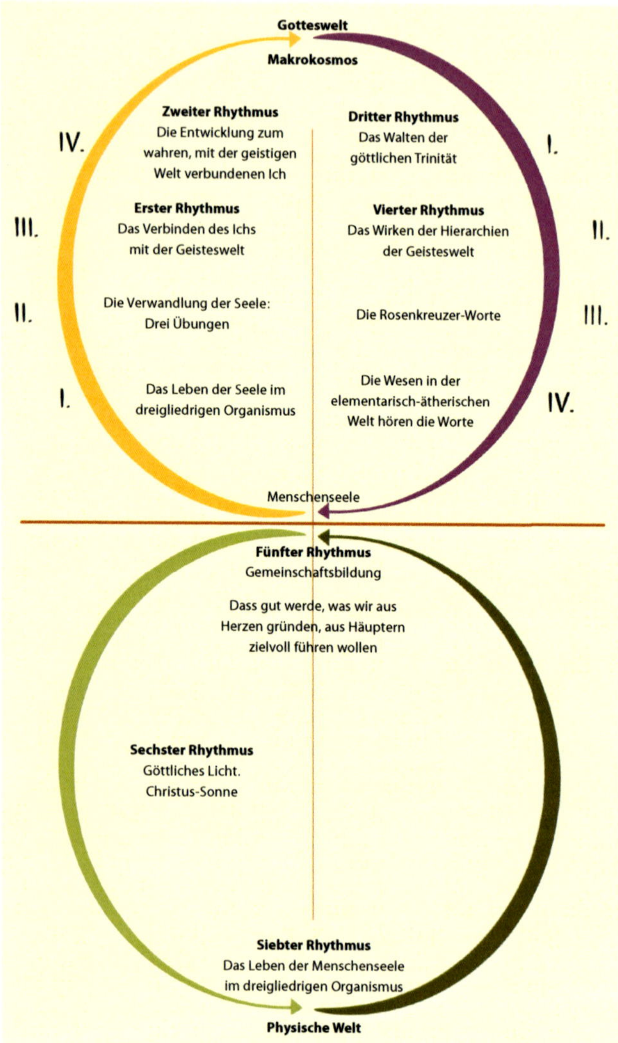

Abb.: Entwicklungswege in der Grundstein-Meditation und ihre Zusammenhänge mit den sieben Rhythmen dieser Meditation

Diese lemniskatische Bewegung bestimmt jeden Tag des Lebens. Wir schlafen vielleicht mit einer wichtigen Frage ein, die wir in die geistige Welt tragen und damit mit den geistigen Wesen, auch den Verstorbenen, teilen. Am Morgen schwingt die Lemniskate wieder zurück: neue Inspirationen, eine Kräftigung der Seele, innere Motivations- und Schaffenskräfte wirken in den neuen Tag. Dieser wird nun nicht allein und durch den einzelnen Menschen gestaltet, sondern dieser findet sich zusammen mit anderen, die zu seinem Schicksalsumkreis gehören. Es entsteht Zusammenarbeit, Gemeinschaft, impulsiert aus diesen Kräften der vorausgehenden Nacht. Sie führen zum Zusammenwirken, zu den gemeinsamen Zielen, die sonnenhaft im Menschenzusammenhang leuchten, und finden eine Wirksamkeit in der physischen Welt, die nun Ausdruck wird nicht des persönlichen Wünschens und Wollens, sondern geistiger Impulse. Immer wieder braucht es diese Erneuerung, damit nicht die äußere Tätigkeit erstarrt, zur Routine, äußerlichen Konvention und oberflächlichen Phrase wird[96]. Insofern führt der Weg wieder zurück an den Ausgangspunkt, um dann wieder neue Kräfte und geistige Impulse in das Leben zu führen. Dieser Weg von der Nacht in den Tag und umgekehrt bildet sich ab in der meditativen Arbeit mit den Rhythmen der Grundstein-Meditation und führt zu einem inneren Atmen zwischen der Geistes- und der Menschenwelt, «dass gut werde, was wir aus Herzen gründen, aus Häuptern zielvoll führen wollen».

Die Rhythmen können in täglicher Abfolge geübt werden und stehen mit den Wochentagen, an denen sie erstmals von Rudolf Steiner gesprochen wurden, in Beziehung. Hierauf hat Willem Zeylmans van Emmichoven aufmerksam gemacht[97]. So spricht der erste Rhythmus von einer Überwindung der Trennung des Menschen von der göttlichen Welt. Es geht um das «Erwesen» und «Vereinen», dem ein «Schenken» folgt. Das menschliche Leben hat sich von der geistigen Welt entfernt. Diese hat im alltäglichen Bewusstsein keinen Platz. Ein Abgrund tut sich auf zwischen dem Menschen und der Welt. Die Überwindung dieser Trennung, die vom distanzierenden «Objekt-Erleben» zu einer «Du-Qualität» und damit Wesensbegegnung führt, ist ein Heilungsprozess. Entsprechend beginnt die Reihenfolge der sieben Rhythmen an einem Mittwoch, dem Merkurtag, der mit dem Heilen in Beziehung steht. Die folgenden Rhythmen können in der angegebenen Reihenfolge auf die folgenden Tage der Woche verteilt werden. Selbstverständlich sind auch andere Möglichkeiten des meditativen Umganges mit den Rhythmen möglich. Als Lebensprozesse der Grundstein-Meditation sollten sie aber immer wieder mit ihr verbunden werden. «Sie werden finden, meine lieben Freunde, daß, wenn Sie auf die inneren Rhythmen achten, die in diesen Sprüchen liegen, wenn Sie diese inneren Rhythmen der Seele dann gegenwärtig machen und eine entsprechende Meditation, das heißt ein gedankliches Ruhen darüber in sich selber anstellen, diese Aussprüche dann zu empfinden sind wie die Aussprüche der Weltengeheimnisse, insofern diese Weltengeheimnisse in der Menschenseele auferstehen als menschliche Selbsterkenntnis.»[98]

XI Wirksamkeit der Meditation

Welche Bedeutung und welche Wirksamkeit hat die Meditation im Leben? Im Alltag werden die Seelenkräfte in unterschiedlicher Weise herausgefordert. Menschen fragen nach dem Sinn von herausfordernden Lebensereignissen. Viele Patienten ringen mit dieser Frage nach dem Warum oder Wofür der Erkrankung und spüren, dass von ihrer Beantwortung die Kraftquelle für den weiteren Weg abhängt. Krisen führen den Menschen in die Finsternis, erzeugen Zweifel am Sinn des Leidens. Im Gespräch mit einem anderen, vielleicht vertrauten Menschen können sich überraschende Perspektiven ergeben, aber auch durch die meditative Arbeit. Hilfreiche Einfälle kommen in den Morgenstunden und wirken seelenbegnadend in den Tag. In der Stimmung des Erwartens nach einer Meditation, in der Offenheit der Seele kann sich ein neuer Gedanke zeigen. Oftmals kommen diese – den morgendlichen Inspirationen vergleichbar – nicht gleich nach der Meditation, sondern unerwartet in einem späteren Augenblick. Dabei hat diese Inspiration ihre Bedingungen. Es braucht eine innere Frage, die bewegt wird, und eine meditative Arbeit, also eine Aktivität des Menschen. Diesem geistigen Tätigsein und Schaffen können sich dann die Gedankenboten zuwenden: In Augenblicken des Loslassens, des Erwartens und der inneren Offenheit kommt plötzlich der erlösende Gedanke. Es ist wie eine Morgenstimmung der Meditation, wie ein neues Licht, das in der Finsternis leuchtet, sie erhellt und neue Perspektiven aufzeigt. Das Denken tritt in dieses Licht ein, das aus den Höhen leuchtet, und wird von einem persönlichen Denken zum wahrhaften Denken.

Im Fühlen finden sich ähnliche Verwandlungen. Wir können mit unterschiedlichen Stimmungen am Morgen erwachen. Manchmal sind sie bedrückend, ein anderes Mal wachen wir mit frischen Kräften, einer glücklichen Stimmung und neuer seelischer Kraft auf. Rudolf Steiner weist auf diese Erlebnisse nach dem Erwachen hin und bezieht sie auf das Leben der Seele während des Schlafens und ihre nachbildartige Verbundenheit mit der planetarischen Welt. Auch diese Qualität lässt sich im Gefolge der meditativen Arbeit bemerken. Sie schenkt innere Kraft und eine Sicherheit der Seele. Manche «Leere» der Seele füllt sich und impulsiert zu neuem Tun. Darüber hinaus kann sich eine weitere Entwicklung des Fühlens vollziehen. Rudolf Steiner beschreibt die «gesunde Ahnung»[99] und damit eine Inspirationsfähigkeit des Fühlens, das sich zu einer Art Sinnesorgan entwickelt. Als Arzt kennen wir dieses «Bauchgefühl»: Ein Patient kommt in die Erste Hilfe eines Krankenhauses mit zunächst unklaren Beschwerden. Es stellt sich dann oftmals ein Gefühl ein, in welche Richtung zu suchen ist. Dieses Gefühl hat einen Inhalt im Sinne «es könnte diese oder jene Situation vorliegen», aber nicht nur diese inhaltliche Vermutung, sondern es umfasst ebenso die schon geahnte, also gefühlte «Evidenz». Das zunächst leitende Fühlen führt dann zur weiteren Abklärung und schließlich korrekten Diagnose. Auch die Therapiefindung geht oftmals von einem «gesunden Ahnen» aus. Das für einen Menschen «Gute» kann «geahnt», nicht gedacht werden. Insofern öffnet sich die Seele im Fühlen dem anderen Menschen, der Natur, der Welt und wird inspirationsfähig. Das «wahrhafte» Fühlen ist der Keim für die inspirierte Erkenntnis. In der meditativen Arbeit entwickelt sich das Fühlen am Inhalt der Meditation und leitet von seinem denkenden Erfassen über in das fühlende Erleben. Zum Licht des Denkens kommt die Wärme des Fühlens und wandelt das kopfbetonte Denken zum Herzdenken. So entwickelt die meditative Arbeit das Fühlen und verstärkt in ihm Herzens-, also Sonnenkräfte.

Die meditative Arbeit hat auch für den Willen eine Bedeutung. Wenn sich eine Idee zum Ideal steigert, befeuert sie den Willen und gibt neue Schwungkräfte für das Tun. Nicht der Gedanke schenkt Willenskraft, sondern die in der Erkenntnis belebte und erwärmte Idee, die dann zum Ideal wird. «Den Sinn der Welt verwirklicht die von Weisheit erleuchtete und von Liebe durchwärmte Tat des Menschen», formulierte es Rudolf Steiner[100]. Das meditative Arbeiten führt vom Licht des Denkens zur Wärme des Fühlens, wie sich der wahre Gedankenzusammenhang mit dem Gefühl der Evidenz, also des «Wahrheitsgefühls» verbindet. Eine vertiefende Stimmung ist für das gedanklich Erfasste essenziell, damit es sich mit dem Menschen verbindet und in seinem Willen zum Handeln führt. Handeln aus Einsicht ist die stärkste intrinsische Motivationskraft und will «Welten-Geistes-Licht zu freiem Wollen schenken». Im Hinblick auf die eigene berufliche Tätigkeit kann festgestellt werden, dass die wesentlichen Kräfte für den Alltag aus dieser Begeisterung für ein Ideal und damit für die Anthroposophie und ihre lebenspraktische Fruchtbarkeit entspringen.

Insofern werden durch die meditative Arbeit und damit durch den anfänglichen Weg vom Leben in Gedanken zum «Leben in geistiger Wesenheit»[101] wesentliche ernährende Kräfte für die Seele ausgehen und sie in ihrer Entwicklung unterstützen, um zum wahrhaften Denken, Fühlen und Leben zu kommen. Auch wenn sie nur keimhaft beginnen, so entstehen doch neue lebensentscheidende Perspektiven, eine vertiefte Zuwendung, ja Liebe «zu allem, was um mich ist»[102] und Hoffnungskräfte, die dem Willen und dem Handeln zufließen.

Aus neuen Perspektiven, einem neuen Licht entsteht der Glaube an die Sinnhaftigkeit des Lebens und vielleicht auch an die Schicksalsweisheit. Durch die Wärme des Fühlens entwickelt sich die Liebe, im Willen leben Hoffnungskräfte. Diese drei Kräfte, Glaube, Liebe, Hoffnung, haben gesundende Auswirkungen auf die Wesensglieder des Leibes: Leitende Überzeugungen gesunden den astralischen Leib, den Rudolf Steiner deswegen auch als Glaubensleib bezeichnet.[103] Die Liebe verstärkt Lebenskräfte und das Heilen, weswegen der ätherische Leib auch als «Liebeleib» bezeichnet wird. Hoffnung wirkt bis in den physischen Leib und ist die helfende Kraft bis in die physischen Verrichtungen. Sie wirkt sich positiv auf den Gesundungsverlauf auch des physischen Körpers aus, der deswegen auch den Namen «Hoffnungleib» bekam.

Insofern steht der meditative Erkenntnisweg der Anthroposophie mit der Entwicklung der Seele in Beziehung und verstärkt die heilenden Kräfte der leiblichen Wesensglieder. Licht und Leben verbinden sich und werden durch die Wärmekräfte der Liebe vermittelt.

Dabei bekommt die Grundstein-Meditation eine herausragende Bedeutung, da sie alles in der Anthroposophie umfasst und gleichzeitig in ihren praktischen Umsetzungen und Verwirklichungen lebt. So ist sie mit der Begründung der Anthroposophischen Gesellschaft und ihrer Hochschule verbunden und dadurch auch die entscheidende Meditation für die Arbeit ihrer Sektionen und Lebensfelder. Als Worte der Selbsterkenntnis steht sie mit dem meditativen Erkenntnisweg der Ersten Klasse der Freien Hochschule in Beziehung. Hier geht es um die Entwicklung zum wahren Menschen, um seine Verbindung mit der geistigen Welt und den Kräften, die aus dieser für die alltägliche Arbeit in den Lebensfeldern und Sektionen fließen. Sie schafft die gemeinschaftsbildende Lebenskraft der Anthroposophischen Gesellschaft und führt in deren praktische Wirksamkeit. In den Lebensfeldern bildet sie den Grundstein für die ethisch-spirituelle Entwicklung in den Berufen.

Die Schöpfermächte der Welt walten durch die Liebessubstanz Sein-erzeugend in der Welt. Aus den Tiefen der Erde wirkt diese Liebessubstanz in die Glieder des Menschen. Beim morgendlichen Erwachen spüren wir die Erholung und Wiederherstellung des Leibes und damit ein «Ja» zu unserem Leben. Die nächtliche Regeneration ist nicht das Werk des Menschen, sondern entstammt einer umfassenden, weisheitsvollen und göttlichen Wirksamkeit. Jedes Schaffen, Erneuern, Heilen geschieht durch Zuwendung und ist damit Ausdruck von Liebe.

Die Urbilder des Leibes brauchen ihre jeweilige Individualisierung. «Es gibt nur einen Tempel in der Welt, und das ist der menschliche Körper. Nichts ist heiliger als diese hohe Gestalt»[104], beschrieb es Novalis. Dieser gleichsam göttliche Tempelbau muss zum individuellen Tempel des einzelnen Menschen gebildet werden.

Im Rhythmischen System leben die schöpferischen Urbilder, die Weltenimaginationen, die schaffender Natur sind und dem Weltenwerden zugrunde liegen. Sie verbinden sich mit dem Ätherischen in den Rhythmen des Lebendigen, auf die das «Wogen» in der mittleren Strophe weist. Wogen kommt von Wellen, weist also auf das Wasser und seine rhythmische Wellentätigkeit und damit auf das Ätherische, in dem die Weltenimaginationen wirken. Die göttlichen Urbilder werden im Lebendigen wirksam, in der Zeit, den Zeitenrhythmen, und werden so zu den Werde-Taten in der Welt. «Urbilder des Weltenseins … Weltenimagination, waltend in menschlicher Organisationsgestaltung»[105]. Zur Substanz kommt die Gestaltung.

Während die Weltgedanken als Weltenimaginationen im Lebendigen schaffend und wie schlafend wirksam sind, erwachen sie im menschlichen Denken und mit ihnen die

Menschenseele. Denn jedes erkennende Erwachen bedeutet ein Bewusstwerden der vorher schlafenden Weltzusammenhänge, also der Weltgedanken, der kosmischen Intelligenz, und gleichzeitig ein Erwachen der Seele des Menschen. Entsprechend heißt die deutsche Formulierung des Rosenkreuzer-Wortes in der dritten Strophe: «in des Geistes Weltgedanken erwachet die Seele».

Bewusste Weltgedanken, schaffende Weltenimaginationen, die allem Werden zugrunde liegen, und die schaffenden, schließlich Sein-erzeugenden Liebeskräfte bilden den großen Weltenzusammenhang, das Weltendodekaeder, von dem Rudolf Steiner in der Weihnachtstagung zur Begründung der Allgemeinen Anthroposophischen Gesellschaft sprach. «Suchen wir in dem dreigliedrigen Menschen, der uns da lehrt die Liebe, der uns da lehrt die Weltimagination, der uns da lehrt die Weltgedanken, suchen wir in ihm die Substanz der Weltenliebe, die wir zu Grunde legen, suchen wir in ihm das Urbild der Imagination, nachdem wir die Weltenliebe in unserem Herzen formen, suchen wir die Gedankenkraft aus den Höhen, um dieses dodekaedrische imaginative Liebesgebilde in der entsprechenden Weise erstrahlen zu lassen! Dann werden wir von hier hinwegtragen dasjenige, was wir brauchen; dann wird er erglänzen, der Grundstein, vor unserem Seelenauge, jener Grundstein, der aus Welten-Menschenliebe seine Substanz, aus Welten-Menschenimagination seine Bildhaftigkeit, seine Gestaltung, und aus Welten-Menschengedanken jenes Glanzeslicht hat, das uns in jedem Augenblicke, wenn wir uns an diesen Augenblick erinnern, mit warmem, aber unsere Tat, unser Denken, unser Fühlen, unser Wollen anspornendem Lichte entgegenstrahlen kann.»

In dem Grundstein als «dodekaedrisch(e) imaginative(s) Liebesgebilde» lebt durch seine Substanz, seine

Gestaltung und sein Licht die Dreigliederung des Menschen in ihrer Beziehung zur göttlichen Welt, der Trinität. Seine drei Qualitäten weisen durch die Substanz zu den Tiefen, durch die schaffenden Imaginationen zum Umkreis und durch das Licht zu den Höhen. Werden diese im Menschen mikrokosmisch belebt durch ein Wollen, in dem die Liebeskräfte der Schöpferwelt wirksam werden und das aus Einsicht handelt, werden sie wirksam durch ein Fühlen, das sich mit dem Werden der Welt und damit den Weltenimaginationen verbindet, und schließlich erfasst durch ein Geist-suchendes Denken, begründet sich der dodekaedrische Grundstein im Menschen und seinem Zentralorgan, dem Herzen, dem die Strebekräfte und Ideale entstammen. Geistgemäßes Wirken der Menschenseele in ihrem dreigliedrigen Leib wird durch diesen Grundstein im Herzen des Menschen begründet und damit zu einer Quelle des Wirkens in allen Lebensfeldern der Anthroposophie.

Wandtafeltexte Rudolf Steiners zu den Rhythmen der Grundstein-Meditation

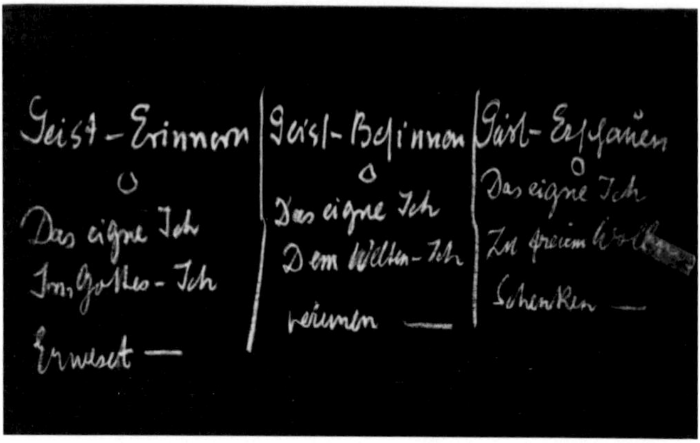

Erster Rhythmus

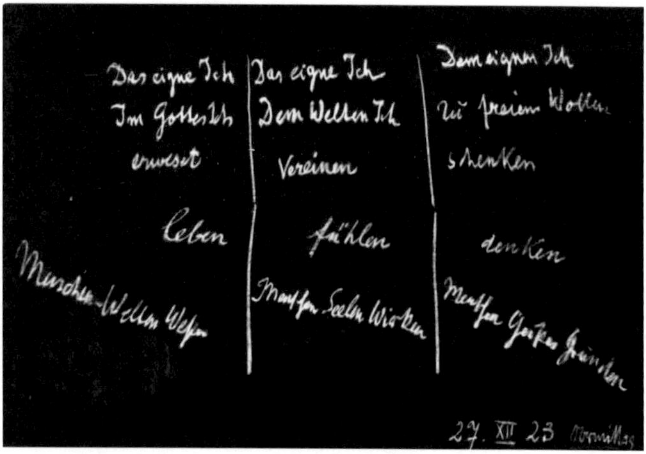

Zweiter Rhythmus

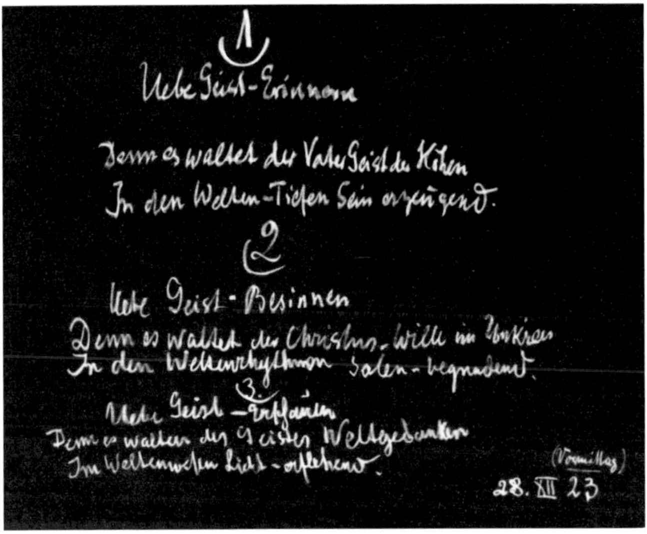

Dritter Rhythmus

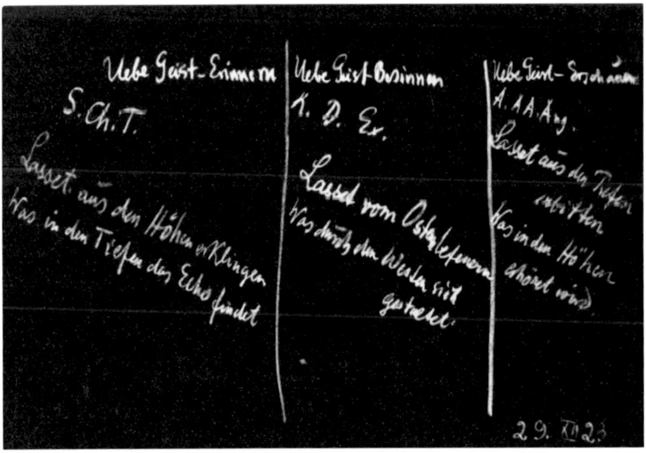

Vierter Rhythmus

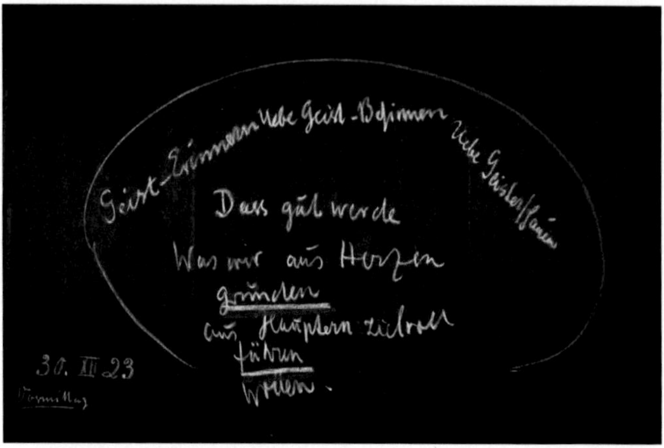

Fünfter Rhythmus

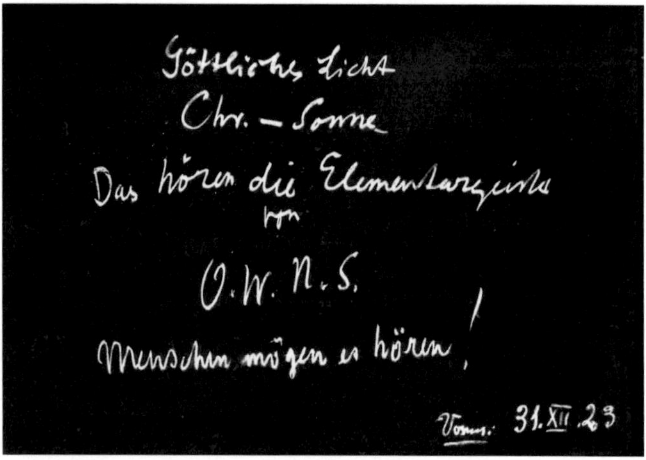

Sechster Rhythmus

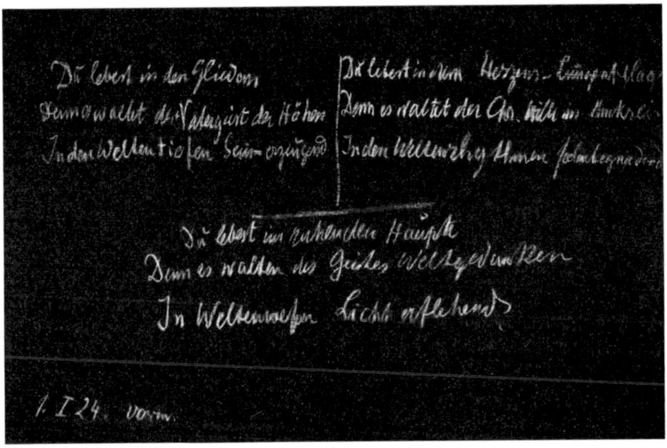

Siebter Rhythmus

Fassungen der Grundstein-Meditation Rudolf Steiners

Weihnachtstagung 1923/24, 30.12.1923, GA 260

Menschenseele!
Du lebest in den Gliedern,
Die dich durch die Raumeswelt
Im Geistesmeereswesen tragen:

Übe Geist-Erinnern
In Seelentiefen,
Wo in waltendem
Weltschöpfer-Sein
Das eigne Ich
Im Gottes-Ich
Erweset;
Und du wirst wahrhaft leben
Im Menschen-Welten-Wesen.

Denn es waltet der Vater-Geist der Höhen
In den Weltentiefen Sein-erzeugend:
Seraphim, Cherubim, Throne,
Lasset aus den Höhen erklingen,
Was in den Tiefen das Echo findet;
Dieses spricht:
Ex Deo nascimur.
Das hören die Elementargeister
Im Osten, Westen, Norden, Süden:
Menschen mögen es hören.

Menschenseele!
Du lebest in dem Herzens-Lungen-Schlage,
Der dich durch den Zeitenrhythmus
Ins eigne Seelenwesensfühlen leitet:
Übe Geist-Besinnen
Im Seelengleichgewichte,
Wo die wogenden
Welten-Werde-Taten
Das eigne Ich
Dem Welten-Ich
Vereinen;
Und du wirst wahrhaft fühlen
Im Menschen-Seelen-Wirken.

Denn es waltet der Christus-Wille im Umkreis
In den Weltenrhythmen Seelen-begnadend.
Kyriotetes, Dynamis, Exusiai,
Lasset vom Osten befeuern,
Was durch den Westen sich gestaltet;
Dieses spricht:
In Christo morimur.
Das hören die Elementargeister
Im Osten, Westen, Norden, Süden:
Menschen mögen es hören.

Menschenseele!
Du lebest im ruhenden Haupte,
Das dir aus Ewigkeitsgründen
Die Weltengedanken erschließet:
Übe Geist-Erschauen
In Gedanken-Ruhe,
Wo die ew'gen Götterziele
Welten-Wesens-Licht
Dem eignen Ich

Zu freiem Wollen
Schenken;
Und du wirst wahrhaft denken
In Menschen-Geistes-Gründen.

Denn es walten des Geistes Weltgedanken
Im Weltenwesen Licht-erflehend.
Archai, Archangeloi, Angeloi,
O lasset aus den Tiefen erbitten,
Was in den Höhen erhöret wird;
Dieses spricht:
Per spiritum sanctum reviviscimus.
Das hören die Elementargeister
Im Osten, Westen, Norden, Süden;
Menschen mögen es hören.

In der Zeiten Wende
Trat das Welten-Geistes-Licht
In den irdischen Wesensstrom;
Nacht-Dunkel
Hatte ausgewaltet;
Taghelles Licht
Erstrahlte in Menschenseelen;
Licht,
Das erwärmet
Die armen Hirtenherzen;
Licht,
Das erleuchtet
Die weisen Königshäupter –

Göttliches Licht,
Christus-Sonne,
Erwärme
Unsere Herzen;

Erleuchte
Unsere Häupter;

Dass gut werde,
Was wir aus Herzen
Gründen,
Aus Häuptern
Zielvoll führen wollen.

Weihnachtstagung 1923/24, 31.12.1923, GA 260

Wie oben, letzte Zeile lautet jedoch:
Lichtvoll führen wollen.

Nachrichtenblatt der Wochenschrift «Das Goetheanum» vom 13. Januar 1924

Menschenseele!
Du lebest in den Gliedern,
Die dich durch die Raumeswelt
In das Geistesmeereswesen tragen:
Übe Geist-Erinnern
In Seelentiefen,
Wo in waltendem
Weltschöpfer-Sein
Das eigne Ich
Im Gottes-Ich
Erweset;
Und du wirst wahrhaft leben
Im Menschen-Welten-Wesen.

Denn es waltet der Vater-Geist der Höhen
In den Weltentiefen Sein-erzeugend:
Ihr Kräfte-Geister
Lasset aus den Höhen erklingen,
Was in den Tiefen das Echo findet;
Dieses spricht:
Aus dem Göttlichen weset die Menschheit.
Das hören die Geister in Ost, West, Nord, Süd:
Menschen mögen es hören.

Menschenseele!
Du lebest in dem Herzens-Lungen-Schlage,
Der dich durch den Zeitenrhythmus
Ins eigne Seelenwesensfühlen leitet:
Übe Geist-Besinnen
Im Seelengleichgewichte,
Wo die wogenden
Welten-Werde-Taten
Das eigne Ich
Dem Welten-Ich
Vereinen;
Und du wirst wahrhaft fühlen
Im Menschen-Seelen-Wirken.

Denn es waltet der Christus-Wille im Umkreis
In den Weltenrhythmen Seelen-begnadend.
Ihr Lichtes-Geister
Lasset vom Osten befeuern,
Was durch den Westen sich formet;
Dieses spricht:
In dem Christus wird Leben der Tod.
Das hören die Geister in Ost, West, Nord, Süd:
Menschen mögen es hören.

Menschenseele!
Du lebest im ruhenden Haupte,
Das dir aus Ewigkeitsgründen
Die Weltengedanken erschließet:
Übe Geist-Erschauen
In Gedanken-Ruhe,
Wo die ew'gen Götterziele
Welten-Wesens-Licht
Dem eignen Ich
Zu freiem Wollen
Schenken;
Und du wirst wahrhaft denken
In Menschen-Geistes-Gründen.

Denn es walten des Geistes Weltgedanken
Im Weltenwesen Licht-erflehend.
Ihr Seelen-Geister
Lasset aus den Tiefen erbitten,
Was in den Höhen erhöret wird:
Dieses spricht:
In des Geistes Weltgedanken erwachet die Seele.
Das hören die Geister in Ost, West, Nord, Süd;
Menschen mögen es hören.

In der Zeiten Wende
Trat das Welten-Geistes-Licht
In den irdischen Wesensstrom;
Nacht-Dunkel
Hatte ausgewaltet;
Taghelles Licht
Erstrahlte in Menschenseelen;
Licht,
Das erwärmet
Die armen Hirtenherzen;

Licht,
Das erleuchtet
Die weisen Königshäupter.

Göttliches Licht,
Christus-Sonne,
Erwärme
Unsere Herzen;
Erleuchte
Unsere Häupter;

Dass gut werde,
Was wir aus Herzen
Gründen,
Aus Häuptern führen
Wollen.

Abbildungsnachweis

Abbildungen: RSA I A NZ 3326 bis RSA I A NZ 3330: Rudolf Steiner Archiv, Dornach.
Tafelbilder: RSA I K 58.260.1 bis RSA I K 58.260.10: Rudolf Steiner Archiv, Dornach.
Illustrationen: Ivana Suppan.

Anmerkungen / Literatur

1 Steiner, R.: Die Grundsteinlegung der Allgemeinen Anthroposophischen Gesellschaft 1923/24. Sonderdruck aus GA 260. 6. Aufl. Dornach: Rudolf Steiner Verlag 2003.

2 Ebd.

3 Morgenstern, C.: Die zur Wahrheit wandern. Gedicht. In: Galgenlieder. Wir fanden einen Pfad. Berlin: Holzinger 2015, S. 37.

4 Steiner, R.: Die Grundsteinlegung der Allgemeinen Anthroposophischen Gesellschaft 25.12.1923 bis 1. Januar 1924. Sonderdruck aus GA 260. Dornach: Rudolf Steiner Verlag.

5 Steiner, R.: Die Grundsteinlegung der Allgemeinen Anthroposophischen Gesellschaft 25.12.1923 bis 1. Januar 1924. Sonderdruck aus GA 260. Dornach: Rudolf Steiner Verlag.

6 Steiner, R.: Philosophie der Freiheit. Kap. I: Das bewusste menschliche Handeln. GA 4. 16. Aufl. Dornach: Rudolf Steiner Verlag 1995, S. 15–26.

7 Steiner, R.: 1. Leitsatz. In: Anthroposophische Leitsätze. Der Erkenntnisweg der Anthroposophie. Das Michael-

Mysterium. GA 26. 10. Aufl. Dornach: Rudolf Steiner Verlag 1998, S. 14–15.

8 «Nichts auf der Welt ist so mächtig wie eine Idee, deren Zeit gekommen ist.» (Victor Hugo)
Originalzitat von Hugo lautet: Man kann der Invasion von Armeen Widerstand leisten, aber keiner Invasion von Ideen.
Hugo, V.: Histoire d'un crime – Déposition d'un Témoin, Paris: Calmann Lévy 1878, S. 600.

9 Kierkegard, S.: Die Tagebücher 1834–1855. Ausgewählt und übertragen von Theodor Haecker. München: Hegner-Bücherei im Kösel-Verlag 1949, S. 157.

10 Goethe, J. W.: Gesang der Geister über den Wassern. In: Erich Trunz (Hg.): Goethes Werke. 8. Aufl. Hamburg: Christian Wegner Verlag 1966, S. 535.

11 Steiner, R.: Eurythmie als sichtbare Sprache. Vortrag vom 7. Juli 1924. GA 279. 4. Aufl. Dornach: Rudolf Steiner Verlag 1979, S. 182.

12 Hölderlin, F.: An Zimmern. Gedicht. In: Sämtliche Werke. Band 2, Stuttgart: Cotta 1953, S. 276.

13 Steiner, R.: Eine Brücke ist der Mensch. In: Wahrspruchworte. GA 40. 8. Aufl. Dornach: Rudolf Steiner Verlag 1998, S. 143.

14 Thomaschitz, W., Sijmons, J.: Zukunftserleben: Sonnenaufgang. Anthroposophie weltweit Nr. 5/2019. S. 6–7.

15 Steiner, R.: Geheimwissenschaft im Umriss. Kap.: Die Erkenntnis der höheren Welten (Von der Einweihung oder Initiation). GA 13. 30. Aufl. Dornach: Rudolf Steiner Verlag 1989, S. 366.

16 Steiner, R.: Seelenkalender-Spruch zweite Dezember-Woche. In: Wahrspruchworte. GA 40. 8. Aufl. Dornach: Rudolf Steiner Verlag 1998, S. 40.

17 Steiner, R.: Philosophie der Freiheit. Kap. IX. Die Idee der Freiheit. GA 4. 16. Aufl. Dornach: Rudolf Steiner Verlag 1995, S. 145–173.

18 Siehe Anm. 1.

19 Steiner, R.: Wir Menschen der Gegenwart. In: Wahrspruchworte. GA 40. 8. Aufl. Dornach: Rudolf Steiner Verlag 1998, S. 305.

20 Steiner, R.: Vom Kopf bis zum Fuß. In: Wahrspruchworte. GA 40. 8. Aufl. Dornach: Rudolf Steiner Verlag 1998, S. 319.

21 Schiller, F.: Wallensteins Tod. 3. Akt, 13. Auftritt. Stuttgart: Reclam Verlag 2003.

22 Schelling, F. W. J.: Ideen zu einer Philosophie der Natur. In: Werke, Band I. München: Edition Schröter 1927, S. 706.

23 Steiner, R.: Die Weihnachtstagung zur Begründung der Allgemeinen Anthroposophischen Gesellschaft 1923/1924. GA 260. 5. Aufl. Dornach: Rudolf Steiner Verlag 1994.

24 Buber, M.: Das dialogische Prinzip. Heidelberg: Lambert Schneider Verlag 1984, S. 10.

25 Steiner, R.: Wie erlangt man Erkenntnisse der höheren Welten? GA 10. 24. Aufl. Dornach: Rudolf Steiner Verlag 1993, S. 29–30.

26 Smit, J.: Geistesschulung und Lebenspraxis. Die Grundsteinmeditation als Zukunftsimpuls. Dornach: Verlag am Goetheanum 1987.

27 Steiner, R.: Geheimwissenschaft im Umriss. Kap.: Die Erkenntnis der höheren Welten (Von der Einweihung oder Initiation). GA 13. Dornach: Rudolf Steiner Verlag 1989.

28 Selg, P.: Die Grundstein-Meditation Rudolf Steiners und die Zerstörungen des 20. Jahrhunderts. Verlag des Ita Wegman Instituts 2011, S. 63.

29 Steiner, R.: Unsere Toten. Ansprachen, Gedenkworte und Meditationssprüche 1906–1924. Vortrag vom 9. Mai 1914. GA 261. 2. Aufl. Dornach: Rudolf Steiner Verlag 1984, S. 19.

30 Steiner, R.: Mein Lebensgang. Dornach: Rudolf Steiner Verlag 1995; Kap. XVIII, S. 259.
31 Debus, M.: Anthroposophie und religiöse Erneuerung. Die geistigen Wurzeln der Christengemeinschaft. 4. Kap. Goetheanismus II. Verlag Freies Geistesleben 2021.
32 Schiller, F.: Erzählungen. Sämtliche Werke, Band 5. München: Hanser Verlag 2008, S. 344.
33 Ebd.
34 Steiner, R.: Aus der Akasha-Forschung. Das Fünfte Evangelium. Vortrag vom 6. Januar 1914. GA 148. 5. Aufl. Dornach: Rudolf Steiner Verlag 1992, S. 167–168.
35 Schad, W.: Der periphere Blick. Die Vervollständigung der Aufklärung. Verlag Freies Geistesleben 2014.
36 Ebd.
37 Steiner, R.: Philosophie der Freiheit. Kap. VIII. Die Faktoren des Lebens. GA 4. 16. Aufl. Dornach: Rudolf Steiner Verlag 1995, S. 137–144.
38 Girke, M.: Innere Medizin. Grundlagen und therapeutische Konzepte der Anthroposophischen Medizin. 3. Aufl. Berlin: Salumed-Verlag 2020.
39 Steiner, R.: Mantrische Sprüche. Seelenübungen. GA 268. Dornach: Rudolf Steiner Verlag 1999, S. 92.
40 Steiner, R.: Gebet an die Engelshierarchien. In: Esoterische Betrachtungen karmischer Zusammenhänge. Vortrag vom 4. Juli 1924. GA 237. 8. Aufl. 1991, S. 38.
41 Steiner, R.: Esoterische Betrachtungen karmischer Zusammenhänge. Vortrag vom 28. Januar 1924. GA 240. 5. Aufl. Dornach: Rudolf Steiner Verlag 1992, S. 64.
42 Steiner, R.: Abendglockengebet. In: Wahrspruchworte. GA 40. 8. Aufl. Dornach: Rudolf Steiner Verlag 1998, S. 324.
43 Steiner, R.: Kindergebet. In: Wahrspruchworte. GA 40. 8. Aufl. Dornach: Rudolf Steiner Verlag 1998, S. 319.
44 Morgenstern, C.: Palmsonntag. In: Gedichte. 5. Aufl. Berlin: Insel-Verlag 2004.
45 Siehe Anm. 42.

46 Klünker, W. U.: Alanus ab Insulis. Entwicklung des Geistes als Michaelsprinzip. Stuttgart: Verlag Freies Geistesleben 1993.
47 Steiner, R.: Die geistigen Wesenheiten in den Himmelskörpern und Naturreichen. Vortrag vom 7. April 1912. GA 136. 6. Aufl. Dornach: Rudolf Steiner Verlag 1996, S. 80–82.
48 Lehrs, E.: Vom Geist der Sinne?
49 Goethe, J. W.: Die Metamorphose der Pflanzen. Weinheim: Acta humaniora 1984, S. 15.
50 Lehrs, E.: Mensch und Materie. Ein Beitrag zur Erweiterung der Naturerkenntnis nach der Methode Goethes. Frankfurt am Main: Vittorio Klostermann 1987.
51 Schiller, F.: Gedichte von Friedrich Schiller. Leipzig: Siegfried Lebrecht Crusius, 1804. S. 6–207.
52 Steiner, R.: Meditative Betrachtungen und Anleitungen zu einer Vertiefung der Heilkunst. Vortrag vom 9. Januar 1924. GA 316. 5. Aufl. Dornach: Rudolf Steiner Verlag 2008, S. 130.
53 Steiner, R.: Inneres Wesen des Menschen und Leben zwischen Tod und neuer Geburt. GA 153. Vortrag vom 10. April 1914. 6. Aufl. Dornach: Rudolf Steiner Verlag 1996, S. 105.
54 Goethe, J. W.: Faust II. Leipzig: Insel-Verlag 1982.
55 Steiner, R.: Inneres Wesen des Menschen und Leben zwischen Tod und neuer Geburt. GA 153. Vortrag vom 11. April 1914. 6. Aufl. Dornach: Rudolf Steiner Verlag 1996, S. 123.
56 Steiner, R.: Inneres Wesen des Menschen und Leben zwischen Tod und neuer Geburt. GA 153. Vortrag vom 14. April 1914. 6. Aufl. Dornach: Rudolf Steiner Verlag 1996, S. 180.
57 Steiner, R.: Inneres Wesen des Menschen und Leben zwischen Tod und neuer Geburt. GA 153. Vortrag vom 10.4.1914. Dornach: Rudolf Steiner Verlag 1996.

58 Zeylmans van Emmichoven, F.W.: Der Grundstein. Stuttgart: Verlag Freies Geistesleben 1971, S. 90.
59 Steiner, R.: Aus den Inhalten der esoterischen Stunden. II 1910–1912. Esoterische Stunde vom 16. Dezember 1912. Dornach: Rudolf Steiner Verlag 1996, S. 469.
60 Morgenstern, C.: Werke und Briefe, Band II, Lyrik 1906–1914. Stuttgart: Verlag Urachhaus 1992, S. 210.
61 Steiner, R.: Kindergebet. In: Wahrspruchworte. GA 40. 8. Aufl. Dornach: Rudolf Steiner Verlag 1998, S. 319.
62 Steiner, R.: Gebet an die Engelshierarchien. In: Esoterische Betrachtungen karmischer Zusammenhänge. Vortrag vom 4. Juli 1924. GA 237. 8. Aufl. 1991, S. 38.
63 Smit, J.: Meditation und Christuserfahrung. 4. Aufl. Stuttgart: Falter im Verlag Freies Geistesleben 2008.
64 Steiner, R.: Meditative Betrachtungen und Anleitungen zu einer Vertiefung der Heilkunst. Vortrag vom 9.1.1924. GA 316. 5. Aufl. Dornach: Rudolf Steiner Verlag 2008, S. 122.
65 Schiller, F.: Über die ästhetische Erziehung des Menschen, in einer Reihe von Briefen. Schillers sämtliche Werke. Vierter Band. Stuttgart: J. G. Cotta'sche Buchhandlung 1879. Online unter https://www.projekt-gutenberg.org/schiller/aesterz/aesterz2.html.
66 Steiner, R.: Inneres Wesen des Menschen und Leben zwischen Tod und neuer Geburt. GA 153, Vortrag vom 10.4.1914. Rudolf Steiner Verlag 1996.
67 Steiner, R.: Wie erlangt man Erkenntnisse der höheren Welten? (GA 10) Rudolf Steiner Verlag Dornach 1993. Kapitel: Leben und Tod – Der große Hüter der Schwelle.
68 Steiner, R.: Geheimwissenschaft im Umriss. Kap.: Die Erkenntnis der höheren Welten (Von der Einweihung oder Initiation). GA 13. Dornach: Rudolf Steiner Verlag 1977, S. 394.

69 Steiner, R.: Wahrspruchworte. GA 40. 8. Aufl. Dornach: Rudolf Steiner Verlag 1998, S. 298.
70 Hardenberg, F. von: Fragmente. Erste, vollständig geordnete Ausgabe hg. von Ernst Kamnitzer, Dresden 1929.
71 Steiner, R.: Die Philosophie der Freiheit. Kap. IX: Die Idee der Freiheit. GA 4. 16. Aufl. Dornach: Rudolf Steiner Verlag 1995, S. 145–173.
72 Steiner, R.: Die Welträtsel und die Anthroposophie. GA 54. 2. Aufl. Dornach: Rudolf Steiner Verlag 1983, S. 192.
73 Siehe Anm. 1.
74 Steiner, R.: Anthroposophische Leitsätze. Kap.: Die Weltgedanken im Wirken Michaels und im Wirken Ahrimans. GA 26. 10. Aufl. Dornach: Rudolf Steiner Verlag 1998, S. 117.
75 Frankl, V.: Wer ein Warum zu leben hat. Lebenssinn und Resilienz. 4. Aufl. Weinheim: Beltz 2017.
76 Siehe Anm. 1.
77 Steiner, R.: Die Weihnachtstagung zur Begründung der Allgemeinen Anthroposophischen Gesellschaft 1923/1924. GA 260. 5. Aufl. Dornach: Rudolf Steiner Verlag 1994, Ansprache vom 26.12.1923.
78 Autorschaft ist ungeklärt. Das Gedicht wird häufig Hermann Hesse zugeschrieben, ist aber in keiner Gesamtausgabe zu finden.
79 Steiner, R.: Die Weltgeschichte in anthroposophischer Beleuchtung und als Grundlage der Erkenntnis des Menschengeistes. Vortrag vom 1. Januar 1924. GA 233. 5. Aufl. Dornach: Rudolf Steiner Verlag 1991, S. 159.
80 Steiner, R.: 1. Leitsatz. In: Anthroposophische Leitsätze. Der Erkenntnisweg der Anthroposophie. Das Michael-Mysterium. GA 26. 10. Aufl. Dornach: Rudolf Steiner Verlag 1998, S. 14–15.
81 Steiner, R.: Seelenkalender-Spruch für die dritte April-Woche. In: Wahrspruchworte. GA 40. 8. Aufl. Dornach: Rudolf Steiner Verlag 1998, S. 24.

82 Steiner, R.: Die Grundsteinlegung der Allgemeinen Anthroposophischen Gesellschaft 25.12.1923 bis 1. Januar 1924. Ausführungen vom 28.12.1923. GA 260. Dornach: Rudolf Steiner Verlag.

83 Schelling, F. W. J.: Zur Geschichte der neueren Philosophie. Kap.: Naturphilosophie. Leipzig: Philipp Reclam jun. 1966.

84 Goethe, J. W. von: Goethes Werke. Naturwissenschaftliche Schriften Band 3. Entwurf einer Farbenlehre. Didaktischer Teil. Hg. und komm. von Rudolf Steiner. In: Kürschner, J. (Hg.): Deutsche Nationalliteratur Band 116. Stuttgart: Deutsche Verlagsgesellschaft, S. 88.

85 Steiner, R.: Das Matthäus-Evangelium. Vortrag vom 9.9.1910. GA 123. 7. Aufl. Dornach: Rudolf Steiner Verlag 1988, S. 169.

86 Wilmar, F.: Die Hierarchienlehre und der Grundsteinspruch. In: Prokofieff, S. O. (Hg.): Die Grundsteinmeditation als Schulungsweg. Dornach: Verlag am Goetheanum 2002, S. 303–308.

87 Siehe Anm. 1.

88 Wilmar, F.: Die Hierarchienlehre und der Grundsteinspruch. In: Prokofieff, S. O (Hg.): Die Grundsteinmeditation als Schulungsweg. Dornach: Verlag am Goetheanum 2002, S. 303–308.

89 Siehe Anm. 1.

90 Steiner, R.: Die Grundsteinlegung der Allgemeinen Anthroposophischen Gesellschaft 25.12.1923 bis 1. Januar 1924. Sonderdruck aus GA 260. Dornach: Rudolf Steiner Verlag.

91 Steiner, R.: Das Lukas-Evangelium. Vortrag vom 18. September 1909. GA 114. 9. Aufl. Dornach: Rudolf Steiner Verlag 2001, S. 75 ff.

92 Zeylmans van Emmichoven, F. W.: Der Grundstein. 4. Aufl. Stuttgart: Verlag Freies Geistesleben 1971.

93 Steiner, R.: Seelenkalender-Spruch für die zweite Mai-Woche. In: Wahrspruchworte. GA 40. 8. Aufl. Dornach: Rudolf Steiner Verlag 1998, S. 25.

94 Schiller, F.: Zenith und Nadir. In: Sämtliche Werke, Band 1. München: Hanser Verlag 1958, S. 244.

95 Steiner, R.: Anthroposophische Gemeinschaftsbildung. Vortrag vom 3. März 1923. GA 257. 4. Aufl. Dornach: Rudolf Steiner Verlag 1989, S. 179–180.

96 Steiner, R.: Geistige Wirkenskräfte im Zusammenleben von alter und junger Generation. Pädagogischer Jugendkurs. Vortrag vom 5. Oktober 1922. GA 217. 6. Aufl. Dornach: Rudolf Steiner Verlag 1988, S. 43–56.

97 Zeylmans van Emmichoven, F.W.: Der Grundstein. Stuttgart: Verlag Freies Geistesleben 1971.
Steiner, R.: Aus den Inhalten der esoterischen Stunden. II 1910–1912. Esoterische Stunde vom 16. Dezember 1912. Dornach: Rudolf Steiner Verlag 1996.

98 Steiner, R.: Die Grundsteinlegung der Allgemeinen Anthroposophischen Gesellschaft 25.12.1923 bis 1. Januar 1924. Sonderdruck aus GA 260. Dornach: Rudolf Steiner Verlag.

99 Steiner, R.: Geheimwissenschaft im Umriss. Kap.: Die Erkenntnis der höheren Welten (Von der Einweihung oder Initiation). GA 13. 30. Aufl. Dornach: Rudolf Steiner Verlag 1989, S. 366.

100 Steiner, R.: Wahrspruchworte. GA 40. Dornach: Rudolf Steiner Verlag, S. 256.

101 Steiner, R.: Wie erlangt man Erkenntnisse der höheren Welten? GA 10. Dornach: Rudolf Steiner Verlag.

102 Steiner, R.: Kindergebet. In: Wahrspruchworte. GA 40. 8. Aufl. Dornach: Rudolf Steiner Verlag 1998, S. 319.

103 Steiner, R.: Das esoterische Christentum und die geistige Führung der Menschheit. Vortrag vom 2. Dezember 1911. GA 130. 4. Aufl. Dornach: Rudolf Steiner Verlag 1995, S. 174.

104 Hardenberg, F. von: Schriften, Band III. Stuttgart: Verlag W. Kohlhammer 1983, S. 565.

105 Steiner, R.: Grundsteinlegung der Allgemeinen Anthroposophischen Gesellschaft am 25. Dezember1923. In: Die Weihnachtstagung zur Begründung der Allgemeinen Anthroposophischen Gesellschaft 1923/1924. GA 260. 5. Aufl. Dornach: Rudolf Steiner Verlag 1994, S. 63.

Der Autor

Dr. Matthias Girke ist Arzt für Innere Medizin, Diabetologie und Palliativmedizin. Er ist Mitbegründer des Gemeinschaftskrankenhauses Havelhöhe, Klinik für Anthroposophische Medizin, und war dort über 21 Jahre Leitender Arzt der Allgemeinen Inneren Medizin und anschließend in einer Konsultant/Berater-Funktion und in der Ambulanz dieser Klinik tätig. Im September 2016 übernahm er die Leitung der Medizinischen Sektion der Freien Hochschule für Geisteswissenschaft am Goetheanum Schweiz und ist seit April 2017 Vorstandsmitglied der Allgemeinen Anthroposophischen Gesellschaft.